ちくま学芸文庫

いかにして超感覚的世界の認識を獲得するか

ルドルフ・シュタイナー

高橋 巖 訳

筑摩書房

〈目　次〉

いかにして超感覚的世界の認識を獲得するか

RUDOLF STEINER

WIE ERLANGT MAN ERKENNTNISSE DER HÖHEREN WELTEN?

第三版のまえがき

ここに単行本として出版される運びとなった諸論文は、はじめ「いかにして超感覚的世界の認識を獲得するか」という表題の下に雑誌『ルチフェル＝グノーシス』に発表された。本書はこの表題の下に取り上げるべき内容の第一部をなすものであり、その続きの部分は次巻に含まれる筈である。超感覚的世界の認識に到る人間の進化の過程を扱うこの著述が、今装いを新たに、一般の読者の前に提供されるに当り、あらかじめ必要と思われる若干の言葉をまえがきに記しておきたい。

人間の魂の進化に関する本書の記述はさまざまな要求に応えようとしている。霊学研究の諸成果に関心を寄せる人々の中には、そのような人生の高次の謎を口にする者が一体どこからその知識を得たのか、という点に疑問をもたざるをえない人もいるであろう。本書はまず第一にこのような人のために役立ちたいと望んでいる。霊学は人生の高次の謎の本質に深く係わろうとする。この霊学からの発言の根底にある諸事実を吟味しようとする人は自力で超感覚的な認識を獲得しなければならない。本書はそのための道を記述しようとしている。

しかしこの道を歩もうという要求や歩む可能性をまだ見出せぬ人にとっても、霊学研究の成果は決して無価値であるとはいえないであろう。その研究のためには、確かに超感覚的世界へ参入しうる能力が必要である。しかし発表された研究成果が正しいかどうかについては、超感覚的認識を持たぬ人もまた、それぞれ自分自身の立場から、それを確かめることができる。本当にとらわれぬ態度で、健全な判断力を働かせるなら、霊学研究の成果はその大部分が直接検証されることのできるものになる。しかしいくらとらわれぬ態度をもとうとしても、人生のいたるところに存在する、あらゆる種類の偏見にあらかじめ惑わされていたのでは何にもならない。たとえば現代科学の所説に従う人には到底受け容れられないと思えるような場合がいくらでも出てくる。本当に霊学の立場と矛盾する研究成果は科学の分野においても存在しない。しかし偏見に惑わされている人にとって、科学の研究成果を規準にすれば、超感覚的世界についての記述と特定の科学的認識との間に一致点を見出すことはできないと信じることの方がはるかに容易なのである。しかしあらためて霊学と真の実証科学との研究成果をよく比較してみるなら、両者の間に存する見事なまでの完全な一致がますます認められるようになってくる。

霊学には単なる悟性だけでは判断しえぬような部分も当然存在する。けれども悟性だけではなく、健全な感情もまた真理の判定者となることができる。このことが分れば、悟性の及ばぬ部分に対しても確かな係わりをもつことが困難ではなくなる。その時々の共感、反感だけを頼りに判断するのではなく、感情が超感覚的世界の認識内容を、本当に偏見を捨てて、自分に作用させてみるときには、その感情の働きの中からふさわしい価値判断の規準が生じてくる。

超感覚的世界へ到る小道を歩めぬ(またはそう望まぬ)人にとっては、認識内容の正しさを証明する別の道も考えられる。霊学研究者の語るところから知りえた認識内容だけであっても、人生にとってそれがどれ程貴重なものかを感じとることができるからである。誰でも直ちに見者になることはできない。しかし見者の認識内容がすべての人の人生の良き糧となることはできる。より良く生きるためにこの認識内容を利用することは誰にでもできる。そしてそれを利用する人は、それによって人生があらゆる方向でどのような変化を示すか、この認識内容なしの人生には何が欠けているかを、やがて洞察するであろう。超感覚的世界の認識内容を人生に正しく適用するとき、それは非実用的どころか、最高の意味で有用なものとなる。

さて認識の小道を歩むつもりはなくても、この小道の上で観察された諸事実に関心を寄せている人なら、どのようにして見者がこれらの事実を知るようになったのか、あらためて真剣に問おうとするであろう。本書はこのような問いを抱く人々のために、実際に超感覚的世界を知るためには何を為さねばならないかについて、ひとつの観念を与えたいと思う。超感覚的世界への道を明らかにすることで、自分ではその道を歩もうとしない人にも、その道を歩んだ人の語る事柄に信頼がもてるようにしたい。霊学研究者の歩みを知った人は、この歩みを正当のものと考え、そして次のように感じることができるであろう。「高次の諸世界へ到る小道がどのようなものであるかを知った今、霊学研究者の語る事柄がなぜ私の心を明るく照らしてくれるのか、私にはよく理解できる」。

このように本書は、自分の真理感覚や真理感情の中に超感覚的世界の確認と保証を求める人々に役立つことを願って書かれた。しかしそれ以上に本書は超感覚的認識への道そのものを求めている人々のために何か本質的な事柄を伝えたいと願っている。ここに記述された内容が真実か否かを確かめるには、それを自分自身の中に生かしてみることが一番望ましい。そうする意図をもって心的能力の開発についての記述を読むためには、特定の知識を読者に伝える他の多くの書物に対する場合以上のことが必要になってくる。表現内容の中へ今まで以上に深く参入しなければならない。ひとつの事柄を理解しようとする場合にも、その事柄について書かれている箇所だけではなく、まったく別の事柄について書かれた部分にも眼を向けるべきだ、という前提に立たねばならない。ひとつの真理の中に本質が存在するのではなく、あらゆる部分的真理の調和と一致の中にそれがある、という見方をもつことが大切なのである。行を修めようとする人はこのことをまったく真剣に受けとめねばならない。ひとつの行は勿論正しく理解されてこそ、正しく実践されることができる。しかしその場合にも、その行は、魂の調和のためにその一面性を代償しうるような別の行が修行者自身の手でつけ加えられるのでなければ、悪しき作用を及ぼすことになるかも知れない。本書を熟読して、読むことがひとつの内的体験となる程にまで到るなら、読者はただその内容を知識として知るだけに留まらず、或る箇所では或る感情を、別の箇所では別の感情を体験するようになるであろう。そして感情が魂の進化のためにもっている重要さを認識するようになるであろう。さらにまたどのような仕方でそれぞれの行を、自分の個性にふさわしくまさに意識的に、試みたらいいかを知るであろう。本書の場合のように、体験すべき事柄についての記述が扱われるときには、何度でも繰り返して同じ箇所を読み返すことが大切である。なぜなら実行した上でなければ、その微妙な内容に気づくことができないような事柄が扱われているのだから。だから本書の多くの箇所は行を試みた後でこそはじめて十分満足のいく理解が得られるのである。

ここに記された道を歩むつもりのない読者も、自分の内面生活にとって有益な事柄、たとえば生活に役立つ諸規則や、謎としか思えぬ事柄に出会ったとき、それをどう理解したらいいか、等々の示唆を本書の中に見出すであろう。

そして豊かな人生経験を積み、人生のさまざまの側面の奥義に通じている人は、自分で個々に理解してきた事柄が自分自身にも納得できるような仕方で統一されるのを知って、或る満足感をもってくれるだろうと思う。

ベルリン　一九〇九年一〇月一二日　　　ルドルフ・シュタイナー

第五版のまえがき

『いかにして超感覚的世界の認識を獲得するか』のこの新版を機会に、十年以上も前の旧稿に徹底した推敲を加えた。本書が試みているような仕方で、魂の体験と魂の道とを記述しようとすれば、当然のことながら、いくらでも手を加えたい要求に駆られる。ここに述べられている事柄の中で、著者の魂と深く結びついていないような部分はどこにもないし、著者自身の魂の内部の絶えざる作業から発していないような部分もない。何年も前に書いた文章にもっと明確な表情を与えようとする努力は著者の魂の内部にこの作業がなければ不可能であろう。この新版のために私が為そうとしたことはすべてこの努力に基づいており、論述の本質的な、内容、主要な事項はすべて以前のままである。しかし重要な変更がいくつも加えられ、多くの箇所で細部にわたってより一層正確な特徴づけが為された。そうすることが私には重要なことに思えた。誰かが本書に述べられた事柄を自分の精神生活のために適用しようとするとき、その魂の道は可能な限り正確に特徴づけられていなければならないからである。その上物質界の諸事実を記述するときよりも、内なる霊的事象を記述する場合の方がはるかに誤解を招きやすい。魂のいとなみの変化しやすさ、魂の生活と物質生活との間の大きな相違、しかもその相違が安易に見過されている状況、その他このような誤解を招く要因は多くある。私はこの新版に当って、誤解が生じそうな箇所に注意を向け、稿を改める度にその誤解が解消されるように努力した。

本書のもとになった諸論文が書かれたときには、霊界の諸事実についてこの十年間に発表してきた認識内容がまだ知られていなかったために、私はこの内容を今日とは別の仕方で暗示しなければならず、したがっていくつもの点で現在とは異なる表現が試みられた。私の著書『神秘学概論』、『個人と人類の導き』『自己認識への道』そして特に『霊界の境閾』その他の中で霊的諸事象が記述されている。十年以上前にも本書でそのような霊的諸事象の存在が暗示されてはいたけれども、その際には現在正しいと思われるものとは異なる言葉でそれを行わざるをえなかったのである。当時は、書物の中ではまだ記述しえない多くの事柄について学ぶには「口頭」によるしかない、と言わざるをえなかった。当時このようにして暗示するに留めておいた事柄の多くが現在ではすでに公開されている。しかし当時のこの暗示が依然として、読者の中に今日もなお間違った観念を与え続け、霊的修行に励む者に、特定の師に対する個人的な関係を必要以上に重要視させている。この新版においては、現在の霊的諸条件から見れば、霊的修行者にとって師の人格との関係よりも、客観的な霊界との直接的な関係の方がはるかに大切であるという観点を、細部における表現の仕方を変えることによって、これまでよりも明確に強調することができたと私は考えている。霊的な修行においても、今後ますます師は、近代人の意識にふさわしく、他の学問分野における教師の在り方と同じような、単なる助言者としての地位に留まるようになるであろう。師の権威、師への信頼は、霊的修行においても学問、生活上の何らかの他の分野におけると同じ役割を演じるべきなのである。このようにして霊学研究者とこの研究者の研究成果を学ぼうとする人との間の関係をますます正しく理解するようになることが、私にとっては非常に重要なことのように思われる。それ故本書は、十年後の今日、私がこの意味で改訂の必要を認めた限りは、すべて改訂されたと信じている。

この第一部には第二部が続く筈である。第二部では、人間を高次の諸世界の体験へ導く魂の状態について、より以上の詳述が為される筈である。

この新版の印刷は人類が今日体験している大戦が始まった時点で、すでに完了していた。このまえがきを書きながら、私の魂はこの運命的な事件に深く震撼させられている。

ベルリン　一九一四年九月七日

ルドルフ・シュタイナー

第八版のまえがき

今回の新版に際して、あらためて全体を検討した結果、若干の箇所以外、変更の必要を認めなかった。その代り、この版のために私は「あとがき」をつけ加え、それによって誤解されることなく、本書が扱う魂の基本的諸問題が以前よりも一層明瞭になるように努めた。人智学的な霊学の敵対者たちがこの霊学をまったく別様に考えており、その本来の姿を全然見ようとしていないこと、だからこそ彼らのような判断が平気で下せるのだということを明らかにするためにも、このあとがきの内容が役立ってくれると私は信じている。

一九一八年五月　　　　ルドルフ・シュタイナー

条件

どんな人間の中にも、感覚的世界を超えて、より高次の諸世界にまで認識を拡げることのできる能力が微睡《まどろ》んでいる。神秘家、グノーシス派、神智学者は古来、肉眼で見たり、手でさわったりできる物質界の事物と同じように、魂や霊の世界も現実に存在しているのだ、と語ってきた。その言葉を真剣に受けとめることのできる人は誰でも、いつ、いかなるときにも、心の中で次のように言うことができる。「私だって、今はまだ微睡み続けている私の内なる特定の力が開発されるなら、この人の語っている事柄を自分で経験できる」と。ただそのような能力を自分の中に目覚めさせるには、何から始めたらいいのか知らねばならない。そしてそのための指針を与えることができるのは、すでにその能力を身につけた人だけに限られる。修行の道は、人類が始まって以来、常に存在し続けた。そして高次の認識能力を持った人がそれを求める人のために、指針を与えてきた。この修行の道は秘密の行と呼ばれ、そこで授けられる教えは秘伝と呼ばれた。このような呼び方は当然誤解を招くであろう。修行する人たちは自分たちを特別高級な人間にしておくために、わざと自分たちの知っていることを周囲の人たちに隠している、と思う人も出てくるであろう。それどころか、そんな隠された知識などに優れた内容が含まれている筈はない、とさえ考えるであろう。なぜなら、もし本当に真理を伝えているなら、どうして秘密にしておく必要があるのか、世間一般にそれを公開して、すべての人がその恩恵に浴せるようにすべきではないのか、という疑問が当然生じるであろうから。

神秘知識の本質に通じている人は、外部の者がそのように考えることを少しも不思議だとは思わない。どこに秘伝の秘密が存在するのかを理解できるのは、或る程度まで存在の高次の秘密への参入を許された者だけである。それでは一体、このような事情の下で、いわゆる秘伝の内容に対して未参入者がどのような関心を寄せることができるというのか。人はそう問うことができよう。なぜ、どうして、心の中に思い浮べることさえ全然できないような事柄を求めなければならないのか。けれどもすでにこの問いの立て方そのものが、秘伝内容の本質についての間違った考え方に基づいている。実際、神秘知識といえども人間が問題にするその他の知識、能力と異なるところはない。それが秘密の内容を含んでいるというのは、文字を習わなかった人にとって読み書きに秘密が含まれているのと同じ意味においてである。正しい仕方で習えば、誰でも書くことをおぼえる。そのような正しい道を求めるなら、誰でも秘伝を受ける者（神秘学徒）に、否、秘伝を授ける導師（神秘学者）にさえなることができる。他の外的な知識や能力と異なるのは次の事情に限られる。生れたときの生活環境や文化環境によって、文字の知識を身につける機会に恵まれない場合があるかも知れない。しかし高次の世界における知識や能力を真剣に求める者にとっては、どのような障害も存在しない。

秘密知識の伝授を受けるには、それにふさわしい師を方々に探し求めなければならない、と多くの人が信じている。しかし大切なのは次の二点である。第一に、真剣になって超感覚的認識を求める人なら、自分を高次の秘密へ導いてくれる導師を見出すまで、どんな努力も、どんな障害もおそれてはいけないということ。第二には、認識への正しい、まじめな努力が存在するときには、どんな状況の下にあっても、伝授する側がその人を必ず見つけ出してくれるということである。すべての導師が遵守すべき原則によれば、どのような求道者に対しても、その人の受けるにふさわしい知識なら、進んでこれを伝授すべきなのである。しかし受けるに値しない人物に対しては如何程の秘伝も伝授すべきでない、という当然の原則もまた、同様に存在する。そしてこの両原則を厳守する導師ほど、すぐれた導師であるといえる。秘伝を伝授されたすべての者を結びつける霊的なきずなは外的なものではなく、今述べた二つの原則が強固な留め金となっており、これによって結びつきが保たれるのである。そのような人とどれ程深い友情で結ばれていても、もしあなた自身が伝授を受けていないなら、その限り相手の本質のこの部分からは隔てられている。あなたがその人の心を、愛を、どれ程享受しようとも、ふさわしい成熟を遂げたときでなければ、その人があなたに秘密を打ち明けることはないであろう。それまでは、どんな甘言で媚びへつらっても、どんな拷問で苦しめても、まだ正しく受け取る準備があなたの魂の中にできていない現在の成長段階では導師に秘密を打ち明けさせることはできない。

秘伝を受けるにふさわしい人間を作るための道は厳密に定められている。その道の行先は永遠に消すことのできぬ文字で「神殿」の中にはっきりと記されており、その神殿の高次の秘密は導師たちによって守護されている。「歴史」以前の太古の時代には、そのような「霊界の神殿」が外的にも眼に見えるものとして存在していた。われわれの生活が非精神的になってしまった今日では、それらは肉眼に見える世界の中には存在していない。しかしそれらは霊的にはいたるところに存在しており、求める者は誰でもそれらを見出すことができる。

このように人間は自分の魂の変革以外に導師の固い口をひらかせる手段を見出すことはできない。魂の質を或る高さにまで発達させることができたときはじめて、最高の霊的な宝が彼に与えられる。

道の発端をなすのは魂の或る基調でなければならない。この基調は神秘学者によって、真理と認識への畏敬、礼讃の小道と呼ばれている。この基調をもつ人だけが神秘学徒となることができる。この道での体験を積むと、後に神秘学徒になるような人はすでにその幼児期にどのような素質を示すか、分るようになる。尊敬する人物を畏怖（聖なる恥らい）の眼差しで見上げる子どもたちがいる。その子どもたちは心の奥底に批判や反論の思い浮ぶのを禁じようとする畏敬の念をもっている。やがて若者に成長して、何か尊敬すべきものを仰ぎ見ることができたとき、彼らの心は喜びに充たされる。そのような「人柄」の中から、多くの神秘学徒が育っていく。あなたもかつて、尊敬する人物をはじめて訪問しようとしてその戸口に立ち、ベルを押し、そしてあなたの「聖域」である彼の部屋の中に案内されたときに、神秘学徒としてのあなたの後年の人生の萌芽となりえたひとつの感情があなたの内部に湧き上がった経験をもっているであろう。成長する人間がそのような感情を出発点としてもつことができるのは、常にひとつの幸運である。それを隷属や服従の萌芽であると思ってはならない。はじめは他人に対する子どもっぽい畏敬であったとしても、それが後には真理と認識に対する畏敬にまで発展する。尊敬するに値する相手に対しては、それにふさわしい仕方で尊敬するという態度を学んだ人間は、精神を自由に保つすべをもよく心得ているものだ。そして心の奥底から畏敬が沸き起る場合、常にその畏敬の存在は正当なのである。

われわれよりももっと高次の存在があるという深い感情を自分の中に生み出すのでなければ、われわれ自身が高次の存在へ高まる力を内部に見出すことはできないであろう。導師は自分の心を畏敬の深みに誘うことによってのみ、自分の精神を認識の高みへ引き上げる力を獲得することができた。恭順の門を通ることによってのみ、霊の高みへの登攀が可能となる。正しい知識は、それを敬うことを学んだときにのみ、自分のものにすることができる。人間は確かに眼を光の方へ向ける権利がある。けれどもこの権利は他人が与えてくれるのではなく、自分が自力でそれを獲得しなければならない。霊的生活においても物質生活におけるように種々の法則が存在する。ガラス棒は、それをしかるべき布でこすると、帯電する。換言すれば微細な物体をひきつける力を獲得する。このことは自然の法則に適っている。物理学を少しでも学んだ人は、誰でもこのことを知っている。同様に神秘学の基礎を知っている人は、魂の中に育てられたすべての真の畏敬が遅かれ早かれ認識の道を遠く歩む力を育ててくれるということを知っている。

生れつき畏敬の感情をもっている人、もしくは幸運にも教育によってこの感情を育てることができた人は、後に高次の認識への通路を求めるときの用意がすでにかなりできているといえる。このような用意ができていない人は、自分で今、畏敬の気分を育てようと努力しなければならない。そうでないと、認識の小道の第一段階ですでに困難に陥ることになる。われわれの時代にはこの点に特別の注意を払うことが非常に重要なのである。われわれの文明生活は尊敬したり、献身的に崇拝したりするよりも、批判したり、裁いたり、酷評したりする方に傾きがちである。しかしどんな批判も、どんな裁きも魂の中の高次の認識力を失わせる。それに反してどんな献身や畏敬もこの力を育てる。とはいえこの事実はわれわれの文明に対する非難を意味してはいない。文明批評が問題なのではない。われわれの文化は、自分に対して意識的である人間の判断、「すべてを吟味して、最善を手に入れる」態度、つまりまさに批判の精神によって、その偉大さを獲得してきた。あらゆる機会に批判力を行使し、自分の尺度で判断していかなかったら、人間は現代の科学、産業、交通、法律制度を決して達成できなかったであろう。しかしこのことの結果、われわれは外面的な文明生活において得たもののために、それに相当する犠牲を高次の認識活動や霊的生活において支払わなければならなかった。とはいえ、高次の知識を得るために必要なのは人間崇拝ではなく、真理と認識とに対する畏敬である、ということが強調されねばならない。

誰でもよくわきまえておかなければならぬ点が一つある。今日の外面的な文明の中にひたって生きている人が超感覚的な諸世界を認識できるようになるのは非常に困難だということである。余程精力的に自己への働きかけを行うのでなければ、それはほとんど不可能である。物質生活が簡素だった時代には霊的高揚も容易に達成された。崇拝されるべき聖なる対象は世俗的環境の中できわ立って存在していた。ところが批判の時代になると、理想的なものがひきずり下ろされ、人々の心の中で、別の感情が尊敬、畏敬、崇拝、讃仰の代りを占めるようになった。その結果、現在畏敬の感情はますます背後においやられ、日常生活の中では非常にわずかな程度にしか働こうとしていない。だから超感覚的認識を求める人はこの感情を自分で自分の中に生み出す努力を重ねなければならない。そして自分の魂をこの感情で充たさねばならない。このことは勉学によっては達成されない。その達成は生活を通してのみ可能となる。したがって神秘学徒たらんとする人は畏敬の気分に向けて真剣に自己を教育しなければならない。そして讃美と崇敬の対象となりうるものを、環境や体験のいたるところに探し求めねばならない。誰かと出会い、その人の弱点を非難するとき、私は自分で自分の中の高次の認識能力を奪っている。愛をもってその人の長所に心を向けようと努めるとき、私はこの能力を貯える。神秘学徒は常にこの点に留意し、この指針に従うことを忘れてはならない。繰り返し、繰り返し、あらゆる事柄の中の優れた部分に注意を向けること、そして批判的な判断をひかえること、このような態度がどれ程大きな力を与えてくれるか、このことを熟達した神秘学者はすべてよくわきまえている。しかしそれが外的な生活規則に留まっているのでは、何の意味もない。それはわれわれの魂のもっとも内なる部分で有効に働いていなければならない。人間の自己変革は内なる思想生活の深みの中で遂行されなければならない。或る存在に対する敬意を態度に表しただけでは不十分である。この敬意を思考内容として持たねばならない。まず第一に畏敬の念を思想生活の中に受け容れること、それが神秘学徒の出発点である。自分の意識の中にある不遜な、破廉恥な思考内容や軽蔑的な批判の傾向によく留意し、まさに畏敬という思考内容を育てることから始めなければならない。

世界と人生とについて判断する際に、軽蔑したり裁いたり批判したりしようとする自分の態度の中に何がひそんでいるのか。それに注目しようとする瞬間は常にわれわれを高次の認識へ近づけてくれる。そしてこのような瞬間に、われわれが意識の中の世界と人生についての思考内容を讃美、敬意、尊敬で充たすような場合、われわれは特に急速な進歩を遂げる。このような瞬間に今まで微睡み続けてきた諸力が目覚める。このことは修行を積んだ者によって常に経験されてきた。霊眼はこのことを通して開かれるのである。それまでは見ることのできなかった事物が自分の周囲に見えるようになりはじめる。人はそれまで周囲の世界の一部分しか見ていなかったことを悟りはじめる。自分の前に立ち現れてくる人間が以前とはまったく異なった形姿を示すようになる。この生活規準だけではまだ、たとえば人間のオーラといわれているものを見るようにはならないであろう。そのためにはもっと高度の修行が必要である。しかし

高度の修行の段階に到ることは、その前に精力的に畏敬の行を修めておかなければ、不可能である。註

註　私の著書『神智学――超感覚的世界の認識と人間の本質への導き』の最後の章である「認識の小道」では修行を概観的に記述したが、ここではその実践上の細目を詳述するつもりである。

神秘学徒による「認識の小道」の歩みは世間の眼につかぬように、静かに進められる。誰も彼の変化に気づく必要はない。彼はそれまでと同じように義務を遂行し、以前と変りなく稼業に励む。変化は外なる眼の及ばぬ魂の内側でのみ進行する。まずはじめは人間の心情生活全体に、尊敬するに値するすべてのものへの畏敬、という基本的な気分が照り輝く。このただ一つの基礎感情が魂の生活全体の中心点になる。太陽がその輝きを通して生あるすべてのものに生気を与えるように、畏敬の念が神秘学徒の魂のいとなみ全体に生気を与えるのである。

尊敬や敬意のような感情が認識に関係があるとは、はじめのうちは信じ難いであろう。

それは認識行為が魂の中の他のもろもろのいとなみとは別の特殊な能力であると考えられやすいからである。しかし認識活動もまた魂の行為なのであり、感情は魂にとって、肉体にとっての栄養分に等しい存在なのである。もしパンの代りに石しか与えられなければ、肉体は活動を停止する。魂も同様である。魂の養分としての尊敬、敬意、畏敬などの感情は魂を健全で力強いものにし、特に認識活動に活力を提供する。認める価値があるものを過小評価したり、軽蔑したり、反感をそれに感じたりすることは、反対に認識活動を麻痺させ、不活発にする。――神秘学者はこの事実をオーラの中にはっきりと認める。畏敬の念に充たされた魂のオーラは変化している。赤黄色、赤茶色と呼べるような霊的色調が消え、赤紫色がその代りに現れる。それは認識能力が開発されたしるしである。周囲の環境の中の、以前は予感もしなかったような諸事実が理解できるようになる。畏敬が魂の中に共感作用を呼び起し、この共感作用によって引き寄せられた周囲の存在のこれまで隠されていた特質がわれわれの前に立ち現れてくる。

畏敬によって惹起された能力に或る別の種類の感情が結びつくと、この能力はさらに一層活発になる。このことは人間が外界の印象に没頭する代りに、内面生活のいとなみをますます充実させていくことによって得られる。或る外的印象から他の外的印象へと絶えず駆り立てられている人、常に「気ばらし」を求めている人は神秘学への道を見失う。神秘学徒は外界に対して鈍感になるべきだ、というのではない。常に豊かな内面生活が、外から印象を受け取る際に、主導権を持ち続けるべきだというのである。深い豊かな感情を内に秘めた人が美しい山岳地方を旅するとき、感情の貧困な人とは別の体験内容をもつ。内面の体験が外界の美を開く鍵をわれわれに与えてくれる。大洋を航海するひとりはあまり感動を味わうことなしに過ごし、別のひとりは大自然の永遠の言葉を感じ、創造の神秘にふれる。外界との関係を豊かな内容あるものにしようと思うなら、自分の感情や表象を大切に育てなければならない。外界における万象のことごとくが壮麗な神性の輝きに充たされている。しかしこの輝きを体験するには、まず自分の魂の中に神性を見出さねばならない。――だから神秘学徒はひっそりと孤独に自己沈潜する時間を生活の中に確保する必要がある。しかしその時間が自分の自我の欲求に従うだけでおわるなら、意図したこととは反対の結果しか生じないであろう。このような瞬間にはむしろ、自己の体験した事柄、外界が開示してくれた事柄の余韻をまったくの孤独の静けさの中で思い出としてひびかせるべきなのである。どの花も、どの動物も、どの行為もこのような沈黙の瞬間には、予期せざる秘密を打ち明ける。神秘学徒は以前とはまったく違った眼で外界の新しい印象を見るようになる。次々に移り変る印象を楽しもうとする人は自己の認識能力を鈍らせる。何かを享受したあとで、この楽しみから何かを明らかにさせる人は自分の認識能力を育成し、向上させる。ただその際必要なのは、楽しみの余韻だけをひびかせるのではなく、そこから受け取れる楽しみをあきらめて、内的作業を通して享受したものを消化しようとする態度である。危険をまねく暗礁は非常に大きい。内的な作業を行う代りに、つい反対のことをやってしまい、その楽しみをいつまでも完全に味わいつくそうとしたくなる。神秘学徒の眼につかぬ誤謬のもとが、この態度の中にあることを忘れてはならない。数知れぬ魂の誘惑者の間を通って行かねばならない。誘惑者はすべて神秘学徒の「自我」を、硬化させ、自己閉鎖的なものにしようと企んでいる。彼は自分の自我を世界に向って開かれたものにしなければならない。そのためにはまず世界に向って楽しみを求めなければならない。なぜならそれによってのみ、世界は彼の方に近寄ってくるのだから。楽しみに対して鈍感であるなら、周囲から養分を摂取することを忘れた植物に等しくなるであろう。しかし楽しみの下にいつまでも留まり続けようとする態度もまた自己閉鎖的である。そのような彼は自分にとっては何物かであり得ても、世界にとっては無に等しい。彼はその限り、どれ程内部で活動的な生をいとなみ、「自我」を大きく育成していったとしても、世界は彼を無視してしまうであろう。世界にとって彼は死んでいるに等しい。神秘学徒は楽しみをもっぱら、世界のために自己を高貴な存在にしようとする彼の意図の手段と見做すべきである。楽しみは彼にとって、世界についての報告をもたらす斥候である。彼はその報告を受けたあと、楽しみを通して作業へ向う。彼が学ぶのは、学んだものを自分の知識財産として貯えるためではなく、学んだものを世界の用に役立たせるためである。

神秘学徒が何らかの目標に達しようとするなら、決して犯すことが許されないような、ひとつの根本命題がすべての神秘学の中に生き続けている。どのような秘密の行に際しても、修行者の心に銘記されていなければならないこの根本命題は以下の言葉に要約されうる。

「あなたの求めるどんな認識内容も、あなたの知的財宝を蓄積するためのものなら、それはあなたを進むべき道からそらせる。しかしあなたの求める認識内容が人格を高貴にし世界を進化させるためのものであるなら、それは成熟への途上であなたを一歩前進させる」。この原則は厳格に遵守されねばならない。そして誰もこの原則を人生の規範にする以前には、神秘学徒であり得ない。われわれは霊的修行のこの真の在り方を、次のような短い命題に総括することもできる。「如何なる理念も理想たりえぬ限りは魂の力を殺す。しかし如何なる理念も理想たりうる限りはすべてあなたの中に生命力を生み出す」。

内的平静

神秘学徒はその認識の道のはじめに、畏敬の小道と内的生活の開発という二つの行を与えられた。さて神秘学はこの小道を歩み、内的生活の開発に努める上で遵守する必要があると思われる諸規則についても語っている。以下に述べるそのような実践上の諸規則は思いつきの所産ではなく、太古の経験と知識に基づいており、高次の認識の道が示される場合には古来常に同一の仕方で与えられてきた。霊的生活上の真の師はすべて、たとえそれらの規則を同一の言葉で表現してはいなくても、その内容に関して常に一致した立場に立っている。内容に相違があるとしても、その相違は表面的なものにすぎず、本質的ではない。したがって相違の原因となりうる諸事実については今ここで触れようとは思わない。

霊的生活上のいかなる師もこの諸規則を通して他人を支配しようとは望んでいない。

どのような人の独立性をも侵そうとはしない。なぜなら神秘学者は他の誰よりも人間の独立性を尊重し守護しようとするからである。すでに前章で述べたように、すべての導師を結ぶきずなは霊的なものであり、二つの当然の原則がこの結合帯の留め金となっていた。今もし導師が堅固な壁に守られたその霊域から出て、公衆の面前に立つとすれば、ただちに彼は第三の原則――「自分の行為や発言がどんな人の自由なる決意にも干渉しないように配慮せよ」に従った態度を求められる。

霊的生活上の真の師はまったくこの基本精神に貫かれている。このことを洞察する人は、自分が師から要求された実践的規則に従っても、自分の独立した立場が侵されたりはしない、ということを理解するであろう。

このような実践的規則の中の最初の一つは次のような言葉で表現されうる。「内的平静の瞬間を確保し、その時間の中で本質的なものと非本質的なものとを区別することを学べ」。――今この規則が「言葉で表現される」と述べたのは、元来神秘学上の一切の規則や教義が象徴的な記号によって与えられているからである。だからその規則や教義の意味とその有効範囲をすべて知ろうと思う人は、まずこの記号の絵解きから始めなくてはならないが、絵解きは自分自身がすでに神秘学の道を歩み出していなければ不可能である。とはいえここに示されている諸規則を正しく遵守すれば、この道を歩み進めることができる。真剣な意欲をもっている人なら誰にでもこの道はひらかれているのである。

内的平静の瞬間の確保という上述の規則そのものは簡単である。それに従うこともまた簡単である。しかし簡単であればある程、それは真剣にかつ厳格に修められなければ、目標にまで導いてくれない。——それ故どうしたらこの規則が正しく遵守できるか、以下それについて直截簡明に述べてみよう。

神秘学徒は毎日、わずかの時間でもよいから、日々の仕事とはまったく異なる事柄のために費す時間を確保しなければならない。時を費す仕方もまた、日常の他の場合とはまったく異なっていなければならない。とはいえこの特別の時間が対象とすべき事柄と日々の仕事の内容との間にまったく何の関係もないかのように考えるべきではない。反対である。正しい仕方でこの特別の時間を費す人は、やがてこの時間の中から、日々の課題のための充実した力が受け取れることに気づくであろう。この規則を遵守しようとすれば義務を果すべき時間が奪われるのではないか、と考える必要もない。もしこの規則のために費すべき時間が本当にもてないというのなら、毎日五分間だけで十分である。

むしろどのようにこの五分間を使用するかが大事なのである。

この時間の中で、人は完全に自己を日常生活から隔離する。思考と感情のいとなみは日常の時間における場合とは異なる色合をもたねばならない。喜び、悲しみ、心配ごと、さらにはさまざまの経験、行動をも、人は自分の魂の舞台に登場させねばならない。そして自分が体験する一切をより客観的な観点から見るように、心掛けねばならない。人は通常、他人の経験や行動を、自分の経験や行動とはまったく別様に観る。このことをあらためて考えてみる必要がある。このように見方が異なるのは仕方のないことである。なぜなら自分の経験や行動は自分を巻き込んでいるし、他人の経験や行動はただ観察しうるだけなのだから。さて、日常生活から隔離された瞬間に人が努力すべき事柄は、自分の経験や行動を、自分のではなく他人の経験や行動であるかのように見做す、ということである。深刻な運命の打撃を受けた場合を考えてみよう。われわれはまったく同じ運命が隣人を見舞った場合とは何と異なる態度でそれに対応していくことだろう。そのことをとやかく言う人はいないであろう。このような態度は人間の本性に根ざしているのだから。例外的な場合ではなく、もっと日常的な出来事の中でも、われわれは同様な態度をとる。神秘学徒は特定の時間の中だけでも、自分自身を他人であるかのように見做しうる能力を身につけなければならない。批評家の冷静さをもって、自分自身を観察しなければならない。これが可能になれば、自分の体験内容が新しい照明の下に現れてくる。体験内容にとらわれ、その中に留まっている限り、人は非本質的なものにも本質的なものと同じように係わり合っている。内的平静をもって達観するとき、本質的なものが非本質的なものから区別される。苦悩も悦楽も、どんな思考内容もどんな決断も、このような態度で自分に向き合うときには別の現れ方をする。――たとえていえば、一日中町の中にいて、大小さまざまの事物を間近に見た後で、夜、近所の丘に上ってその町を一望の下に見渡すようなものである。そのときには町の中の対象相互の関係がその中にいるときとは違った様子で見えてくる。このことは現在体験しつつある運命に対して為される必要はない。霊的生活の弟子は、ずっと以前に体験した事柄に対してこの努力をすればよい。――内なる自己静観の価値は、その時何が観察されるかよりも、このような不動なる心によって開発される力が自分の中に見出せるかどうかにかかっているのである。

事実、すべての人間はその（いわば）日常の人間の他に、高次の人間をもその内部に担っている。高次の人間は目覚めさせられるまではいくらでも隠れたままでいる。この高次の人間を目覚めさせるには、各人が自分の力に頼るしかない。超感覚的認識へ導くところの、各人の中に微睡んでいるあの高次の能力もまた、高次の人間が目覚めぬ限りは、隠れたままの状態を続ける。

内的平静の果実である力が感じられない限り、人はいつまでも上述の規則を厳格に遵守し続けなければならない。そうすればいつか、自分の周囲が霊的に明るくなる日が、自分の中の未知なる眼が開かれて眼前にまったく新しい世界が現れる日が、どんな人の場合にも、必ず来るであろう。

神秘学徒がこの規則に従うとき、対外的な生活態度を変化させる必要はまったくない。以前と同様、それ以後もまた日々の稼業に従事する。どんな仕方にせよ、それによって「生活」から疎外されるようなことはありえない。一日の他の時間には安んじて、むしろますます完全に、この「生活」に没頭することができるようになる。なぜならあの隔離された瞬間に、「高次の生活」が習得されるのであるから。次第にこの「高次の生活」が日常生活にまで影響を及ぼし始める。隔離された瞬間内での内的平静が日常生活に働きかける。人間全体に落ち着きが、個々の行動に確かさがより加わり、もはやどんな突発事件によっても取り乱したりしなくなる。新参の神秘学徒は序々にではあるが自分で自分を統禦できるようになり、外的事情や外的影響の支配を受けずにすむようになる。このような人はやがて、隔離された瞬間がどれ程自分の力の源泉となっているかに気づくであろう。これまで怒りをさそってきた事柄に出会っても、もはや怒らずにすむようになる。これまで不安を喚び起した無数の事柄も不安の種となることをやめる。ひとつのまったく新しい生き方を彼は身につける。おそらくこれまでの彼は色々な仕事に対して臆病な対し方をしてきた。「もっと私に能力があれば、思った通りの成果を上げることができたのに」という思いにとらわれてきた。今ではもはやこのような考え方ではなく、まったく別の立場から、「できるだけ上手に対処できるように、私のすべての力をこの仕事のために結集させたい」と思うようになる。自分を臆病にしてきた考え方は克服される。なぜなら臆病こそが彼の処置を誤らせてきたのだということ、どんな場合にも臆病が彼の責務の遂行をより良い方向にもっていくことは決してないことを、彼は理解しているからである。このようにして神秘学徒の生活態度の中に、人生を充実させ促進させるような考えがあとからあとから、これまでの衰弱と抑圧をもたらす考えの代りに、現れてくる。人生の荒波の中を確実に進んでいけるように、彼は人生航路の舵をとり始める。これまでの彼はこの荒波にゆさぶられて、右往左往していたのである。

このようにして安らぎと落ち着きとの作用は立ち返って人間存在の核心にまで及ぶ。これによって内なる人間が成長し、それと共に高次の認識へ導くあの内的能力の成長が促される。神秘学徒はこのような方向を歩み進むことによって、外界の印象が彼に与える影響の範囲を次第に自分で規定できるようになる。たとえば誰かが彼を傷つけたり怒らせたりしようとして語った言葉が耳に入ったとしよう。修行以前の彼ならそれを聞いて、傷ついたり怒ったりしたかも知れない。神秘学徒としての道を歩き始めた今では、その言葉が心の中へ入る以前に、心を傷つけ怒らせる毒針をその言葉から抜き取る術《すべ》を彼はわきまえている。別の例を上げよう。待たされると、すぐにいらいらしてきた人が神秘学徒としての道を歩み始めた。彼は内的平静の瞬間にいらいらすることのむなしさを感情として集中的に体験した結果、焦燥感を体験する度にすぐこの感情が意識されるようになる。すでに現れ始めたいらいらが消え、焦燥感と共にむなしく失われた筈の待たされている時間を、彼は有益な観察に費すようになる。

さてここで、以上すべての規則の有効範囲について、あらためて考えておこう。人間の内なる「高次の人間」は絶えず進化している。けれどもその進化が合法則的に生じるためには、上述した安らぎと落ち着きとが存在しなければならない。外的生活の波は、人間がそれを支配せず、それに支配されるときには、内なる人間にあらゆる側面から圧迫を加えてくる。そうなると、まるで岩の割れ目に生えた植物のような生き方しかできない。しかも植物が生長を続けるための空間なら外から人の手で作ってやることができる。しかし内なる人間のためには誰も外から必要な空間を作ってやることができない。自分の魂の中の内的平静だけがそうできるのである。外部の手でできるのは、外的な生活状況を変えることだけである。人間の内部の「霊的人間」を外から目覚めさせることは決してできない。——神秘学徒は自分自身で新しい高次の人間を自分の中に産まねばならないのである。

目覚めた「高次の人間」は「内なる支配者」となる。彼は確かな手で外的人間の生活を導く。外的人間が主導性をもつ限り、「内なる」人間は外なる人間の奴隷でしかなく、それ故自分の力を発揮することができない。怒ったり怒らなかったりすることが自分以外の何かに依存しているとすれば、私は自分自身の主人ではない。私は自分の中に「支配者」をまだ見つけ出していないことになる。自分の内部の力を開発して、外界の印象を自分の定めた仕方で自分に作用させるとき、はじめて私は神秘学徒であるといえる。——そして真剣にこの力を求めるときにのみ、目標に到ることができる。大切なのは特定の時間内にどのくらい進歩したかではなく、真剣に求めるということだけである。目立った進歩もなしに数年間努力を続けるという場合も稀ではない。しかし絶望せずに平然と努力を続ける人の多くが、まったく突然に「内的な勝利」を獲得してきたのである。確かに或る生活状況においてはわずかな瞬間でも内的平静を確保するには大きな力を必要とするであろう。しかし必要とする力が大きければ大きい程、達成される事柄の意味も大きい。神秘修行のすべては、あらゆる行為に際して、どれ程の内的真実と絶対的誠実をかけ、どれ程の力をこめて自分自身に向き合うことができるか、しかもその自分自身をまったくの異邦人と見做すことができるか、にかかっているのである。

しかし自分の中の高次の人間の誕生だけでは、神秘学徒の内的作業の一側面しか特徴づけられていない。別の事柄がこれにつけ加えられねばならない。人間は自分を異邦人と見做すことができたとしても、それによって彼はまだ自分自身だけしか考察していない。彼は自分の個人的な生活状況とからみ合った体験や行動しか見ていない。それを超えることが必要になる。自分の個人的な状況に依存しない純人間的な領域にまで自己を高めねばならない。まったく別の環境、まったく別の状況の中で生きる場合にも、人間としての自分に係わってくるような事柄に考察の眼を向けねばならない。それによって自分の内部に、個人的な関係の枠を突き抜けた何かが生命を甦らせる。これと共に眼差しは日常生活を律している世界よりも高次の諸世界へ向けられる。そして人間は自分がこのような高次の諸世界の一員であることを感得、体験し始める。高次の諸世界は、人間の感覚や日常的営為の触れえぬ世界である。自分がこのような世界の一員と感じられるようになったときはじめて、自分の存在の中心点が自分の内部へ移される。彼は内的平静の瞬間に語る内部の声に耳を傾ける。内部で彼は霊界との交わりを育てる。彼は日常性から離れる。日常の騒音はしずまり、彼の周囲を沈黙が支配するようになる。外からの騒がしい印象を想起させるような想念は一切排除される。内部における静観、純粋霊界との対話が彼の魂のすべてに染みわたる。――神秘学徒の場合、このような静観が自然的欲求にならねばならない。彼ははじめひとつの思考世界の中に完全に没頭している。彼はこの静かな思考作業に、生きいきとした感情を結びつけねばならない。霊界がこの思考世界に注ぎ込むものを愛することを学ばねばならない。やがて彼は、この思考世界の方が周囲の日常的事物よりも現実性に乏しいなどとは感じなくなる。彼は物質空間の中の事物に対するのと同じような態度で、自分の思考内容に対し始める。やがて内的な思考作業によって明らかとなったものの方が物質空間中の諸事物よりも、もっと偉大であり、もっと現実的であると感じられるようになる時が来る。生命がこの思考世界の中で自己を打ち明けるのを、彼は経験する。思考内容の中には影絵しか存在しないのではなく、隠れた本性たちもまた思考内容を通して語りかけていることが、彼にも分ってくる。沈黙の中での生命の語らいが始まる。これまではただ耳を通してしか聞こえてこなかったのに、今では魂を通してそれが聞こえてくる。内的言語（内なる言葉）が彼に自己を開示する。この瞬間をはじめて体験する神秘学徒はこの上ない浄福を感じる。内なる光が彼を取り巻く外界のすべての上に輝く。第二の人生が始まったのだ。神的な気が浄福の流れとなって彼の中にみなぎる。

霊学（もしくはグノーシス）は、思考内容の中に魂の力を結集させることによって次第に魂が霊的本性の中を生きるようになっていく、この認識の行を、瞑想《メディテーション》（静観的思索）と名づけている。瞑想こそが超感覚的認識の手段なのである。――

しかし神秘学徒は瞑想の過程で感情に溺れたり、漠然とした気分に左右されたりしてはならない。そのような態度は真の霊的認識にとって妨げとなるだけであろう。まず思考内容をできるだけ明瞭、正確に、どこにも曖昧な部分が残らぬように形成しなければならない。それを可能にするためには、心中に立ち現れる思考内容を手当り次第に取り上げたりはしないことである。むしろ霊的認識上の先達が瞑想を通して獲得した高遠な思考内容の中に沈潜する必要がある。最初は瞑想中に受けた啓示を基にして書かれた著作を取り上げるのがよい。神秘主義、グノーシス、現代の霊学の文献の中に、このような著作が見出せる。それらの著作の中に、瞑想のためのすぐれた素材がある。霊的求道者たちはこのような著作の中に、神智学的な思考内容を書き記した。霊そのものが自分の使者である彼らを通して、その思考内容を世に伝えさせたのである。

このような瞑想を通して、徹底した変化が神秘学徒の中に生じる。彼は現実についてまったく新しい観念をもつようになる。すべての事物の中にこれまでとは違った価値が見出せるようになる。繰り返して強調しておかねばならぬことは、神秘学徒がこの変化によって世間離れした人間になったりはしない、ということである。彼はどんな場合にも日々の仕事を遂行する義務から疎遠になったりはしない。なぜなら自分の為すべき行為、もつべき体験のどんなにわずかな部分といえども、広大無辺なる宇宙の諸事象と関連し合っていることを、彼は今、洞察するようになったのだから。静観の瞬間にこの関連が認識できたとき、彼は新たな、より充実した力をもって、日々の仕事に励むのである。彼の仕事、彼の苦労、それは壮大な霊的宇宙関連の下に為されるのだ。そのことを、今彼は知っている。だから瞑想から湧き出してくるもの、それは生きるための力であって、怠惰なのではない。

かくして神秘学徒は確かな足取りでこの世の人生を歩む。人生が何をもたらそうとも、彼はまっすぐな姿勢を保って歩き続ける。それまでの彼はどうして働くのか、どうして苦労するのか、理解できなかった。今の彼にはそれが分る。このような瞑想の行が経験ある先達の指導の下に行われる場合、より良い成果をあげうることは当然であろう。先達たりうる人には、どうしたらすべてがもっとうまくいくか、自分の経験から分るのである。それ故このような人の助言や指導は大切にしなければならない。それによって自分の自由が失われたりはしない。不確かな暗中模索がこの指導のお陰で目標を誤らぬ努力となるのである。知識と経験の豊かな先達を求める努力は必ずむくわれるであろう。ただし支配したがる人間の権力をではなく、まさに友人の助言を、意識的に求めねばならない。人は常に経験するであろう、真の知者が常にもっとも謙虚な人であることを。そしてそのような人にとって権力欲程縁遠いものはないということを。

瞑想を通して霊界との結びつきを得た人は、生れてから死ぬまでの間だけではなく、永遠に存在し続けるものを、自己の内部に体得しはじめる。このような永遠的存在に疑惑の眼を向けうるのは、それを自分で体験できぬ間だけである。瞑想は自分の永遠不滅の核心を認識し直観するための道である。そして瞑想によってしかこのような直観に到ることはできない。霊学（グノーシス）はこの核心の永遠不滅性について、輪廻転生について語っている。なぜ人は生と死の彼岸にある諸体験を知りえないのか、という疑問がしばしば生じる。しかしこのように問うべきではない。むしろどうすればこのような体験がもてるのか、と問うべきである。正しい瞑想においてこそ、そのための道が開かれる。瞑想を通してこそ、生と死の彼岸にある諸体験が記憶に甦ってくる。どんな人もこの記憶を甦らせることができる。真の神秘主義、霊学、神智学、グノーシスが教えているように、どんな人の中にも自己を認識し、自己を直観する能力が具わっている。必要なのは正しい手段を選ぶということだけである。耳と眼をもつ人だけが音と色を知覚する。一方事物を照らす光がなければ眼は何も知覚することができない。神秘学は霊耳と霊眼を発達させ、霊光を点じるための手段を教えている。霊的認識のこの手段は三段階に分れる。一、準備。ここで霊的感覚が開発される。二、開悟。ここで霊光が点じられる。三、霊界参入。ここで高次の霊的存在との交わりが可能になる。

霊界参入の三段階

この章は霊的修行の三つの部分について述べている。正しい仕方で修行していけば、これら三つの部分の名称並びにその本質は誰にとっても納得のいくものになるであろう。修行のこの三段階を通っていけば、すべての人の霊的生活は霊界への参入を或る程度まで許される。しかしこの章ではまだ公的に語りうる限りの内容だけしか論及されていない。それはもっとはるかに深く内密なる秘教から取り出された内容の素描に過ぎない。神秘修行は本来完全に定められた修行課程の厳守を求める。人間の魂が意識的に霊界と交流できるためには、そのような特定の実践教程が必要である。そして本章の記述内容とこの実践教程との関係は、予備学校で折にふれて与えられる指導と上級学校の正規の授業で厳しく教えられる教課との関係に等しい。とはいえこの章の内容を真剣にかつ持続的に遵守すれば、その行為は本来の真の神秘修行へそのまま移行することになる。勿論、真剣さも持続力もなしに、性急な試みを繰り返してみたところで、何の成果も得られない。まずこれまでに述べてきたことが厳守され、それを基礎にさらに先へ進んでいくときにのみ、神秘研究は成果をあげることができる。

上に暗示した秘教の教える三段階とは次の三つである。一、準備、二、開悟、三、霊界参入。これらの三段階を、厳密に順を追って、第一、第二、第三と進んでいく必要は必ずしもない。特定の事柄に関しては、すでに開悟や霊界参入の段階にさえも――その他の事柄に関してはまだ準備段階にいる間に――達することができる。とはいえ或る期間は、開悟に到ることなしに、ひたすら準備段階における努力を続けねばならない。そして霊界への参入が始まるときには、少なくとも若干の事柄に関する悟りが与えられていなければならないのである。けれども以下においては、簡明に表現するために、この三段階を順を追って記述することにしよう。

一　準備

準備の段階では感情と思考とがまったく特定の仕方で育成される。この育成を通して、魂体と霊体（一三九頁以下参照）とに高次の感覚機能や活動器官が与えられる。それは大自然の力が不特定の有機物質から成る肉体に特定の諸器官を付与してきたことの継続であるともいえる。

まずはじめに、われわれを取り巻く世界の中の特定の事象に注意力を集中させることが必要である。そのような事象とは植物の発生、生長、繁栄する相であり、衰微、凋落、死滅する相である。生命活動の存する限り、いたるところにこのような両様の事象が並存している。そしてそれらはあらゆる機会に人間の感情と思考を促すきっかけをなしている。しかし日常生活にとらわれている限り、人は決して十分にこの感情と思考の動きに注意してはいない。そうするにはあまりにもあわただしく印象が次々に現れては消えていく。準備段階に必要なのは、人がまったく意識的にこの二つの生命の相に注意力を集中することなのである。或る植物の生長と開花に眼を向ける場合、彼は他の一切の事柄を自分の魂から排除し、短時間の間、まったくこのことだけから受ける印象に没頭しなければならない。以前ならこのような場合に魂をかすめ通るだけで終ったであろうような感情が、やがて彼の内部でふくらみ始め、力強い形式をとるようになる。自分の内部におけるこの変化に気づいたなら、この感情形式の余韻を、心を鎮めて、内部に響かせねばならない。その際心の中はまったく静かでなければならない。自分を他の外界の印象から閉ざし、まったくひとりになって、生長し開花する事実に対して、自分の魂が語るものに従わねばならない。

　この場合外界に対する感受性を鈍くすれば先へ進めるだろうなどと考えてはいけない。はじめはできるだけ熱心に外なる事物を観察すべきである。そしてそのあとではじめて、魂の中に立ち現れる感情と思考に没頭する。大切なのは完全なる内的平静を保ちながら、感情と思考の両方に注意力を集中することである。心を平静に保ちながら、内部に立ち現れてくるものに沈潜する行を続け、特定の時点に到るなら、これまで知ることのなかった種類の新しい感情と思考が内部に立ち現れてくるのを体験するであろう。このような仕方で生長し開花するものと、衰微し死滅するものとに対して、交互に注意力を向けるなら、回を重ねるにしたがってそのような感情が一層生きいきとしてくるであろう。

こうして生じた感情と思考から、見霊器官が形成されてくる——ちょうど自然力を通して有機的素材から眼や耳という感覚器官が形成されるように。まったく独自の感情形成が生長と生成に結びついており、それとは別のまったく独自の感情形式が衰微と死滅に結びついている。しかしこの両感情形式はここに記述された仕方で育成されぬ限り、生じることはない。この両感情の性質を完全に理解するには各人がそれを内的に体験するしかないが、ここで大雑把ながら、その性質について以下のような性格づけを行っておこう。生成、繁栄、開花の過程に繰り返して注意力を向ける人は、日の出を仰ぐときの感情にやや、、、似たような何かを感取するであろう。そして衰微、死滅の過程からは、ゆっくりと月が視界に上ってくるときに感じるのにやや類似した体験が生じるであろう。この二つの体験が作り出す感情の作用は、それをふさわしい仕方で育成していくなら、この上なく重要な霊的作用にまで変化する。繰り返し繰り返し計画通り、既定の方針に従って感情の作用に沈潜する人の前には、新しい世界がひらかれる。魂界(いわゆるアストラル界《プラン》)が彼の眼前に次第にはっきりと姿を現してくる。生長と衰微とはもはやこれまでのように、漠然とした印象を生み出す事実であるだけに留まらない。むしろそれらはこれまでは予感もしなかったような種類の霊的な線や形象になる。そしてこの線や形象は観察対象の在り方に応じて異なる形姿を示す。咲き誇る花は魂の眼前でまったく特定の線を作り出すが、生長期の動物や枯れかけた樹木の場合も同様である。魂界（アストラル界《プラン》）がゆっくりと眼前に姿を現し始める。同一の霊的段階に立つ二人の神秘学徒は同じ事象に対して常に同じ線や形象を見るであろう。正常な視力をもつ二人の人間が円いテーブルを円いと見、一方が円を、他方が四角を見ることがないのとまったく同じ確かさで、咲き誇る花を見る二人の魂の前には、常に同一の霊的形姿が現れる。──博物学者が動植物の形姿を正確に記述するように、神秘学者も生長と死滅の過程を示す霊的形姿をその種類に応じて、正確に記述もしくは素描することができる。肉眼でも見ることのできる生命現象の霊的形姿を霊眼によって見るまでに進歩した神秘学徒は、物質的な現象形態をまったくもたないので、神秘学の教えを受けたことのない者にはまったく隠されているような事象をも、観ることのできる段階のすぐそばまで来ている。

ここで強調しておく必要があるのは、神秘学徒は特定の事象が何を意味しているか、あれこれ考えることに終始してしまってはならない、ということであろう。このような知的作業は正しい道を見失わせるだけであろう。もっぱら生きいきと、健全な感覚と鋭敏な観察力を用いて、感覚世界に観入し、そして自分の感情に自己を委ねればよい。事物が何を意味するかを思弁的な悟性の力で決定しようとしてはならない。事物そのものに語らせねばならない。[註]

註　ここでつけ加えておけば、自己の内部に沈潜する静観的態度と結びついた芸術感覚は霊的能力を発達させるための最上の前提である。芸術感覚は事物の表面を貫いて内奥の秘密にまで及ぶ。

神秘学が高次の諸世界での位置確認と呼ぶものもまた重要である。霊界で方位を正しく定めるには、感情や思考が感覚界での机や椅子とまったく同じ現実的な事実なのだという意識を身につけなければならない。魂や霊の世界での感情、思考は物質界での感覚的事物と同じように、相互に作用し合っている。このことがはっきり理解されていない場合、間違った思考内容が同じ思考空間の中の他の思考内容に対して、ちょうどめくら射ちに発射された銃弾のように、思いもかけぬ仕方で破壊的に作用する事実を、人はとても信じる気にはなれないであろう。そういう人は、眼に見える現象の世界では不用意に敢えて愚行を演じたりはしなくても、間違った思考や感情をもつことには平気であろう。なぜならそういう思考、感情は眼に見える世界に何の害も及ぼさないから。しかし神秘行においては、自分の思考と感情に対して、地上を歩むときと同じ注意深さをもとうとしないと、進歩することができない。石壁に直面したとき、誰もそこをまっすぐに通過しようなどとは思わない。物質界の法則に従って、迂回しようとする。——感情界や思考界にもこのような法則が存在する。けれどもこの法則は人間に対して外から働きかけてはこない。それは自分の魂そのもののいとなみから流れてこなければならない。どんな時にも間違った思考や感情を抱くことを自分に禁じるときに、そうすることが可能になる。すべての勝手気儘な思いつき、すべての不まじめな空想、気まぐれな気分や感情、それらは行の時間中、抑制されねばならない。そうすることで、感情が貧困になったりはしない。このような仕方で内なる世界が規制されるとき、むしろ豊かな情感と真に創造的なファンタジーが目覚めてくるのを、やがて人は悟るであろう。これまで卑小な感情に耽溺したり、不まじめな議論を戦わせたりしてきた人物の内からも、含蓄ある感情、生産的な思考内容が現れてくる。そしてこのような感情と思考が霊界における自己の位置を確認させるきっかけを与えてくれるのである。霊界の事象に対する正しい関係がもてるようになる。まったく特定の作用が彼のために現れる。肉体的存在としての彼は物質界の諸事象の間に正しい道を見出してきた。今の彼にとっての道は上述した生長と死滅の間をぬって進む。その時彼は一切の生長し繁栄するものの法則に従うのみならず、一切の衰微し死滅するものの法則にも、自分と世界の進化のために、従う。

音の世界もまた行の対象になる。その場合落下する物体、鐘、楽器のような、いわば無生物によって生じる音と、動物や人間の発する生物の音（声）とを区別しなければならない。鐘の響きを聞くとき、それと結びついて快さの感情も同時に生じる。けものの叫びを聞くときは響きから受けとるこのような快さの感情以外に、その動物の内なる快や苦の現れをも感知する。神秘学徒は後者の種類の音から始める必要がある。彼は音が自分自身の魂の外に存する何かを告知しているという点に、注意力のすべてを集中する。そしてこの自分とは異質なものの中に沈潜する。彼の感情はその音が告知する苦や快と密接に結びつかねばならない。彼は自分にとって、その音が何であるか、自分にとってそれが好ましいか好ましくないか、気に入る音か気に入らぬ音かという観点を超えなければならない。音を発する存在自体の中でいとなまれるものだけが彼の魂を充たすまでに到らねばならない。正しい計画に基づいて、このような行を続ける人は音を発する存在の内面といわば融合する能力を獲得するであろう。音によるこの心情《ゲミュート》の行は音楽的感受性の豊かな人にとって、そうでない人の場合よりも一層容易であろう。とはいえ音楽体験がすでにこの修行を代行していると考えることはできない。神秘学徒は全自然をこのような仕方で感得する術《すべ》を学ばねばならない。――そしてこのことを通して感情と思考の世界の中にひとつの新しい可能性がひらかれる。全自然がその響きを通して人間に秘密をささやく。これまで魂にとって不可解な響きでしかなかったものが、そのときからは自然の意味深い言語となる。いわゆる無生物の発する単なる雑音でしかなかった響きからも、今や魂の新しい言語の語らいが聞こえてくる。このように感情の育成をどこまでも進めていくなら、やがてこれまでは想像もしなかったことが聞ける自分に気づくであろう。彼は魂で聞きはじめるのである。

この分野での到達しうる頂点を極めるにはなお別の事柄をこれにつけ加えねばならない。――神秘学徒にとって特別の重要さをもつのは、他の人間の語る言葉に耳を傾ける仕方である。この修行のためには、自分自身の内なるものを完全に沈黙させる習慣をつける必要がある。誰かが意見を述べ、他の人がそれに耳を傾けるとき、通常は後者の心の中に賛成、反対のいずれかが反応として現れる。その場合多くの人はすぐさま、賛成、特に反対の意見を外に表したくなる。しかし神秘学徒は賛成、反対いずれの意見をも沈黙させねばならない。とはいえ、自分の生活態度を一変させて、このような徹底した内的沈黙を守り通すべきだというのではない。自分で立てた予定に従って、選ばれた個々の場合にこの行を実践すればよい。そうすれば時とともに、自然な仕方で、傾聴という新しい態度が習慣化されるようになる。――神秘行はこのように常に予定の計画に従って為される。神秘学徒は一定の期間、自分とは正反対の思想に耳を傾け、自分の内部の一切の賛成、特に一切の否定的判断を完全に沈黙させる行を自分に課す。一切の合理的な判断を沈黙させるだけでなく、拒否や反感または賛同の気持をも沈黙させることが大切である。特に細心の注意を払って観察せねばならないのは、意識の表面に現れて来ない、魂の奥底にひそむ感情の動きである。たとえば、何らかの意味で自分より劣ると思われる人の発言に耳を傾けながら、あらゆる種類の優越感や知ったかぶりを抑制することが必要なのである。――このような態度で子どもに接することは誰にとっても有益である。どんな賢者といえども子どもから無限に多くのことを学ぶことができる。――こうして人間は他人の言葉をまったく没我的に、自分の意見や感じ方を完全に排除して、聞くようになる。自分とは正反対の意見が述べられるときにも、「見当はずれな意見」

がまかり通るときにも、没批判的に傾聴する修行を積み重ねていく人は、次第に相手の本質的部分と融合し、同化することができるようになる。相手の言葉を聴く行為を通して相手の魂の中へ自己を移し入れる。このような修行を積んだ人にとって、音ははじめて魂と霊を知覚するための正しい手段となる。勿論このためにはこの上なく厳格な自己鍛錬が必要である。しかしこの鍛錬こそが高い目標へ導いてくれる。以上の行が自然音との関連で述べたもう一方の行と結びつくとき、新しい聴覚が魂の中から生じてくる。耳には聞こえず、物質音では表せぬ霊界からの知らせが「聴ける」ようになる。「内なる言葉」のための知覚能力が目覚め、霊界が次々と真実を打ち明けはじめる。このようにして霊的な仕方での語りかけに、神秘学徒は耳を傾ける。[註]——すべて高次の真実はこのような「内なる語りかけ」を通して獲得される。そして真の神秘学者の口から聞くことのできるものは、彼がこのような仕方で経験したものに他ならない。けれども「内なる語りかけ」がまだ聞けなければ、神秘学の書物と取り組む必要がない、というのではない。反対である。このような書物を読むこと、神秘学者の教えを聞くことは、そのことだけでもこのような高次の認識への参入のために有効な手段となるのである。神秘学の命題はすべて真の向上を求めて、それに耳を傾ける人の感覚を到達すべき方向へ向わせる力をもっている。だから以上に述べてきたすべての修行には、神秘学者たちが世に伝えてきた思想内容についての熱心な研究がつけ加わらねばならない。すべての神秘修行にとって、この研究は必要条件に数えられる。そして他の手段をすべて用いたとしても、神秘学の教義を受け容れなかったなら、決して目標は達成されえない。事実、神秘学の教義は生きた「内なる言葉」の「直接の語りかけ」から汲み取られたのであり、それ自身霊的生命をもっている。この教義は単なる言葉ではない。それは生きた力である。そしてあなたが神秘学の熟達者の話をきき、深い内的経験に発したその書物を読むとき、ちょうど自然力が有機的素材からあなたの眼や耳を形成したように、その行為はあなたの霊眼を開かせる力となって、あなたの魂に作用するのである。

註　個人的な意見や感情を表さず、静かな没我的傾聴を通して、本当に内から受容できるようになった人だけに神秘学の述べる高次の存在者たちは語りかけることができる。主観的な自分の意見や感情を耳を傾けるべき相手の中へ投影している間、霊界の存在者たちは何も語ろうとしない。

二　開悟

悟りは非常に単純な行から生じる。この場合にも各人の中に微睡んでいる感情や思考を目覚めさせ、発達させることが問題となる。忍耐力を結集させて、その単純な行を誠実にそして持続的に遂行する人だけに、内部に顕現する光を知覚する能力が与えられる。最初は一定の仕方でさまざまの自然存在を考察することから始める。たとえば見事に結晶した透明な石（水晶）の例を取り上げてみよう。まず次のような仕方で注意力のすべてをこの石と動物との比較に集中しようと努める。この集中に際しては、以下に述べる思考内容が生きいきした感情をともなって魂のすべての部分を支配していなければならない。別の思考や感情の混入によって、注意深い観察が乱されてはならない。以下の言葉に思考を集中させる。――「石には形態があり、動物にも形態がある。石は静かにおのれの場所に留まり続ける。動物は場所を移動する。場所を移動するように、動物を促すのは衝動（欲望）である。動物の形態もこの衝動に従って形成されている。その諸器官はこの衝動にふさわしい在り方をしている。これに対して石の形態は欲望に応じてはいない。欲望をもたぬ力によって形成されている」[註]。われわれがこの思考内容に没頭しつつ、あらゆる注意力を石と動物の観察に集中するとき、われわれの魂の中に二つのまったく相違した感情が生じる。石から或る種の感情が、動物から別の種類の感情が魂に流れてくる。おそらくはじめからそうなることはないであろう。しかし本当に忍耐強くこの行を続けていけば、必ずいつかはこれらの感情が現れてくる筈である。しかしそれには行をいつまでも続けていく忍耐力が必要である。これらの感情が現れても、はじめは観察している間だけしか存続しないかも知れない。しかし後になればそれらはあとまで魂に影響を残し、魂の中で作用し続けるようになる。そうなれば、外的対象をそのつど観察しなくても、ただそれについて考えるだけで、この二つの感情は常に立ち現れてくる。――この感情並びにこれと結びついた思考から、霊魂の知覚器官が作り出される。

――以上の観察に、さらに植物の観察を加えるとき、植物に由来する感情は、その性質や強さの度合からいって、石と動物とに由来する感情の中間に位置づけられることが理解できる。さて、こうして形成された器官は霊眼と呼ばれる。この霊眼によって、魂と霊の色が次第に見えるようになる。「準備段階」として述べた行を修めただけでは、霊界の線や形象が暗い状態に留まっている。「悟り」を通してその線や形象は明るくなる。

――ここでも「暗い」、「明るい」という言葉は、他の用語と同じように、その意味内容を類比的に表しているに留まる。しかし通常の言語を使用する以上、それ以外の表現方法はない。この言語は物質的な状況を表現するためにこそふさわしいのである。――さて、神秘学は見霊器官に対して石から流れてくる霊的色調を「青」もしくは「青味がかった赤」、動物から感知されるものを「赤」もしくは「赤味がかった黄」と呼ぶ。事実、そのようにして霊眼に映じるものは「霊的な種類の」色なのである。植物から発する色は「緑」であるが、それは次第に明るいエーテル的な薔薇色に移行する。自然物の中で特に植物は高次の諸世界においても物質界での特定の性質をそのまま表している。石や動物にはそのような例がない。――ところで、人は以上の色が石や植物や動物のただ主要な色合として述べたものに過ぎないことをよく理解しておく必要がある。実際に霊眼に映じるものにはあらゆる可能な中間段階がある。どの石も、どの植物や動物も、それぞれ固有の色合をもっている。高次の世界には、その上まったく物質的形体をもたぬ存在もあり、それらにはしばしば実に見事な色が現れるが、醜悪な色が現れることも稀ではない。事実、高次の世界における色彩は物質界におけるよりも無限に多様であり豊富である。

註　ここに述べた事柄は、それを、水晶の観法として外的（エクソテリック）な仕方だけで受け取った読者から、さまざまに曲解されてきた。「水晶球の霊視」その他の方法が案出されたのも、エクソテリックな理解に基づいている。このような観察方式は霊的事実に関する誤解に由来する。それらの方法はさまざまの書物に記述されているが、しかしそれらが真の（エソテリックな）神秘修行の対象となることは決してない。

「霊眼」を開発した人は、遅かれ早かれ一度も物質界に現象したことのない存在に出会うが、その存在は人間よりも高い存在であることもあるし、低い存在であることもある。以上の段階に達した人にはさらに多くの道が開かれている。しかし神秘学者が言葉その他によって伝える内容に留意することなしに先へ進むことは誰にも勧められない。勿論それ以前の段階の人もまたこのような先達の注意を顧慮する必要がある。ちなみに以上に述べた開悟の基本的な諸段階に相当するところに達しうるほどの精神力、持続力をもっている人が正しい指導内容を求めるなら、どんな場合にも必ずそれを見出す筈である。

しかしいずれにせよ慎重な態度がどんな場合にも必要になる。慎重な態度をとろうとせぬ限り神秘学へ赴くべきではない。性急に進歩を求めて神秘学徒としての自覚を忘れ、高貴、善良、もしくは物質的な現実感覚の一片でも、神秘修行の過程で失うようなことがあってはならない。反対に自分の道徳的な力、内的誠実さ、観察能力を修行を通して高めねばならない。たとえば基本的な悟りの行の過程においては、隣人や動物に対する同情心、自然美に対する感受性を絶えず高めていくように努力しなければならない。この意識的な努力を怠ると、同情心も感受性も、行の過程で失われてしまう。心情はかたくなになり、現実感覚は鈍くなる。そしてそれは危険な結果を招く。

もし人が上述した行の過程で石、植物、動物から人間に向うとき、悟りがどのような形をとるか、どのようにして、開悟の後で、魂と霊界との結びつきが一度に可能となり、その結果霊界参入への道が開かれるか、以下の諸章ではこれらの問題が可能な限り詳述される筈である。

われわれの時代には多くの人が神秘学の道を求めている。さまざまの仕方でこの道が求められそして邪道を行く多くの危険な、忌わしい方法さえ試みられている。だからこの道の途上で幾分なりとも真実を学んだと信じうる者は、他の人にも真の神秘修行の在り方について知る可能性を与えるべきである。以上に述べてきたのは、この可能性に相応する限りの事柄である。誤謬が大きな災難を招かないように、真の行の在り方が公開されねばならない。本書に示された道を行くときには、無理をしない限り、誰も有害な影響を受けない。無理をしない、という点について、ただ一つだけ注意しておけば、自分の生活環境や社会的義務が許す以上の時間と精力を修行に用いるべきではない。どんな人も、神秘修行のために、社会的な生活環境を一時的にせよ、変化させてはならない。真の成果を得ようとするなら、忍耐をもたねばならない。いつでも、始めてから数分後には行を中止して、静かに日々の仕事に励むことができなくてはならない。そして行についての思考内容が日々の仕事の中に少しでも混入してはならない。最高の意味で待つことを学んだ人でなければ、神秘学徒となる資格はなく、神秘学徒を志しても、すぐれた成果に達することは決してないであろう。

開悟の段階における思考と感情の制禦

前章に述べた仕方で神秘学の道を歩もうとする人は、修行中の自己を強めるのに有効なひとつの考え方を忘れてはならない。すなわち、進歩が予期していたような仕方では現れなかったとしても、しばらくするとすでに非常に大きな前進を遂げていたというような場合がありうること、このことを常に念頭におく必要があるのである。このことを忘れると、つい持続力を失いがちになり、やがては一切の試みを放棄する結果になる。目覚めはじめた諸能力は非常に微妙な在り方をしている。その性質は人がこれまで経験してきた事物の性質とまったく異なっている。これまで人はもっぱら物質的環境の中で生きてきた。霊や魂の世界は視界の外にあり、概念によっても捉えられることはなかった。だから自分の中に霊や魂の諸能力が育ちはじめたとき、すぐそれに気づかなかったとしても、まったく不思議はない。——先達としての神秘学者が語る貴重な経験内容を顧慮せずに、神秘修行の小道を歩む人はこの意味で迷いに陥りやすいのである。神秘学者は弟子が自分で意識するずっと以前に、弟子の進歩に気づくことができる。修行者自身がそれと気づく以前に、どのようにして微妙なる霊眼がすでに形成されつつあるかを、彼は自分の経験を通して知っている。したがって神秘学者の指導内容の大部分は、修行する弟子が、自分の進歩に気づく以前に、信頼と忍耐と持続力とを失ってしまわないようにするためのものなのである。神秘学の師といえども、弟子自身が――潜在的に――すでにもっていないような事柄を与えることは決してできない。ただ微睡んでいる能力を開発するための指導だけが彼に委ねられている。しかし師が自分の経験内容を伝授してくれるとき、それは暗闇から光へ到ろうとする者にとって、常にひとつの大きな支えになる。

多くの人は、神秘学の小道を歩み始めたばかりで、すぐに離れていく。それはみずからの進歩の跡に気づけないからである。弟子が自分で認めうるような内なる超感覚的経験のはじまりも、自分だけではしばしば単なる幻覚と区別がつかない。なぜならどうしてもはじめは霊的体験をまったく別様に想像してしまうからである。修行者は最初の経験があまりに目立たぬものなので、無価値なものと思い、それが近いうちに何らかの特別な霊的体験に自分を導いてくれるものだとは、とても信じられないので、さらに行を続けていく勇気と自信を見失うのである。しかし勇気と自信こそは神秘学の途上で、決して消してはならぬ二つの光である。何度繰り返しても失敗してしまうように思える修行を、さらに進んで忍耐強く続けていかなければ、大きな進歩を遂げることはできない。進歩がはっきり認められるずっと以前に、自分が正しい道を歩いているらしいという漠然とした感情が現れる。この感情が現れたら、それを大事に育てなければならない。なぜならこの感情こそ確かな導き手となってくれるからである。高次の認識へ導いてくれるものがまったく特殊で隠秘な手続きであるという信仰は排除されねばならない。よく理解しておくべきなのは、感情と思考という自分に身近な働きから出発しなければならぬということである。ただ通常の場合とは異なる方向に感情や思考を向ける必要がある。この意味で、感情と思考に関しては、誰でもまず次のように考えるべきである。――「私自身の感情や思考には最高の秘密が隠されている。これまで私はそのことにまだ気づくことができなかった」。実際、結局のところすべての行法は次の事実に基づいている。――人間は常に体と魂と霊の存在として生きている。しかしこの三つのうちはっきり意識できるのは体だけであり、魂や霊ではない。神秘学徒は通常の人間が体を意識するのと同じくらい明瞭にその魂と霊とを意識化しようと努める。

それ故感情と思考を正しい方向へ向けることが問題なのである。そうすれば通常の生活においては見ることのできなかったもののための知覚能力が開発される。どのようにしてそれが可能となるのか、その具体的な道の一つをここで述べておこう。これまで述べてきたほとんどすべての場合と同じように、この道もまた決して複雑ではない。しかし弛まずに、しかも必要な畏敬の気分を失わずに、この道を歩み続けるとき、それによって最大の結果が期待できるであろう。

植物の小さな種を眼の前に置く。その際大切なのは、この目立たぬものを前にして、以下に述べる思考内容をできるだけ集中的に作り出し、それを通して一定の感情を呼び起すことである。しかしその前に、まず肉眼に見える限りの、種の形状、色、その他の特徴を熟視し、その後で以下の思考作業を行うのである。この種が地に播かれるなら、そこから複雑な形態をもつ植物が生長するであろう。その際修行者は将来生じるべき植物の姿を生きいきと思い浮べねばならない。想像力を行使して、その姿を作り上げる。そして次のように思考を続ける。今自分が想像の力によって作り出しているものを、将来大地と光の力が現実にこの種から招き出すであろう。もしこの種が見たところ本物そっくりに造られた模造品だったとしたら、どんな大地や光の力も、そこから植物を招き出すことはできない。以上の思考内容をできるだけ明確に把握し、生きいきとそれを体験することができたとき、さらに以下の思考内容をもふさわしい感情とともに体験することができるであろう。種の中には、眼に見えぬ仕方で、後にそこから生長してくる植物全体の力がそなわっている。人工的な模造品にはこの力が存在していない。しかしそれにもかかわらず私の眼には両方とも同じように見える。したがって本物の種の中には模造品の中には存在しない何かが眼に見えずに内包されている。さてここで修行者はこの不可視的なものに感情と思考のすべてを集中しなければならない。[註] 種における不可視的なものは、眼に見える植物にまで変化する。後になれば、私もこの種から可視化されて生じたその植物の色や形態を見ることができるであろう。眼に見えぬものが見えるものになる。そしてもし私に考える能力がそなわっていなかったとすれば、後に可視化される植物の色や形態を、現在私がすでに心の中に表象することもなかったであろう。――この思考内容に思考と感情を集中させなければならないのである。

註　顕微鏡を使えば模造品と本物の種子の見分けぐらいすぐつく、と反論する人は、何が問題なのか分っていない。われわれの課題は感覚を働かせて何が正確に観察されるかではなく、その際いかにして魂的霊的な力を開発するかなのである。

その際特に大切なのは、思考する内容を感情の内容にする、ということである。妨げになるような雑念を一切排して、静かに上述したひとつの思考内容だけを集中的に体験する。そしてこの体験を通して、時とともに、思考と感情がいわば魂の奥底にまで貫通するように努める。——正しい仕方でこの思考と感情の行を積み重ねていくなら、おそらくは無数の試みの後で、ひとつの力を自分の内部に感知するようになるであろう。そしてこの力から新しい種類の直観が生じるであろう。その結果種が今や小さな光雲につつまれたように見えてくる。種がこの感覚的＝霊的な直観によって、一種の焔として知覚される。焔の中心の辺りには、リラ（藤）色の印象に似たものが感知され、その周辺部には薄青色を見たときに感じるようなものが感知される。——そこにはそれまで見えなかったものが、自分の内に呼び起した思考と感情の力によって現れている。感覚的には不可視のものが、すなわち後になってはじめて可視的となる植物が、霊的に可視的な仕方でそこに顕現している。

以上の事柄はすべて、多くの人にとっては幻想にすぎないであろう。「そんな幻影、幻覚は私にとって何の意味もない」と多くの人が言うであろう。また認識の小道のこの難所では、脱落する人、もはや歩き続けられなくなってしまう人も跡を絶たないであろう。しかしまさにこの困難な地点でこそ、幻想と霊的現実とを混同しないことが決定的に重要になるのである。さらにまた臆したり、無気力になったりせず、断乎として前進する勇気をもつこと、これが大切である。そのためにも、真偽を区別する健全な感覚を常に養う必要がある。修行中は常に、自分自身をまったく意識的に支配しつつ、日常の事柄に対するときと同じ確かさで、自分の体験に対しても思考力を行使できなければならない。夢想に耽るようでは道を誤る。冷たく醒めているのではないにしても、どんなときにも明るい知性を持ち続けなければならない。一番大きな誤りは、修行を通して均衡を失い、日常の事柄に対するそれまでの健全で明確な判断力を忘れてしまうことであろう。それ故神秘学徒は何度でも繰り返して、自分が均衡を失ってはいないか、生活環境の中で今までと同じ健全な自分を維持しているかどうか、吟味しなければならない。何ものにも乱されぬ不動心、すべてに対して曇らされぬ感覚、それを彼は保持し続けなければならない。当然のことながら、好き勝手な夢想に耽ったり、あらゆる種類の行法に手当り次第に手を出したりしないようによく注意すべきである。本書の伝える行法の考え方は太古以来の神秘道の中で吟味され修得されてきた。そのようなものだけを本書は取り上げている。勝手に自分で考察したり、方々で聞いたり読んだりした行法を応用しようとしたりすると、脇道に逸れてしまい、やがては果てしない幻想の小道を辿ることになりかねない。

以上に述べた部分はさらに、咲き誇った花々を前にして、この植物にも枯れ死ぬ時が来るであろう、と考える別の思考と感情の行によって継続される。――今私が眼前に見る植物のうち、残るものは何一つないであろう。しかしその時この植物はすでに翌年新しい植物に生長すべき種を自分の中から作り出しているに違いない。ふたたび私は、自分が今見ているものの中に、見えない何かがひそかにいとなまれていることに気がつく。そこで私は次の考えに没頭する。今美しい彩《いろどり》を見せているこの植物はしばらくたつともはや存在しなくなるだろう。しかし種を作るという事実を通して、私はそれが無に帰してしまうのではないことを理解する。植物を無への消滅から護っているもの、それを私は今眼で見ることはできない。ちょうど私が種の中に、今あるこの植物の姿を見ることができなかったように。それ故植物の中には私がこの眼で見ることのできない何かが存在している。この思考内容を私の中でいわば活性化し、私の中のふさわしい感情をそれと結びつけるとき、しばらくしてからふたたび私の魂の中にひとつの力が育ってくる。

そしてこの力が新しい直観となる。ふたたび一種の霊的な焔が植物から生じてくる。勿論今度の焔は前に述べたものより当然大きな拡がりを示す。その焔の中央の部分には緑がかった青が、その周辺の部分には黄がかった赤が感知される。

ここで「色」と述べているものは、肉眼が見る色と同じものではない。肉眼によって受け取る色の印象に類似したものが霊的な知覚を通して感取できるので、「色」と呼ぶに過ぎない。霊界の「青色」を通して、肉眼が青い色を知覚するときに体験される質的内容に共通した何かが、霊的体験として感得される。真剣に霊的認識を目指して進んで行こうとする人は、このことに留意しなければならない。そうでないと、霊的なものの中で物質的な体験を繰り返すことしか期待しなくなる。このことはとんでもない方向に道を誤らせるであろう。

「色」を霊的に見るところにまで来た人は大きな成功を収めたことになる。なぜなら事物がその人に現在の存在の相においてだけではなく、生成と消滅の相においても、自己を打ち明けるからである。彼はいたるところで、肉眼が何も知覚できぬ霊の作用を見るようになる。そしてこのことと共に、出生と死の秘密を次々に看破していくための第一歩を踏み出したことになる。或る存在の出現が誕生と共にはじまり、死と共にその存在が消滅するというのは、外的感覚の観点であり、この感覚がその存在の隠された霊的実相を知覚できなかったからこそ、そのように見たのである。しかし霊的観点からいえば、出生と死とは存在のひとつの変化の相であるに過ぎない。ちょうど蕾から花への移行が、外的感覚の前で演じられるひとつの変化に過ぎないのと同じように。しかしこの霊的実相を自分の直観によって知ろうと思うなら、上に述べた仕方で自分の霊眼をまず目覚めさせなければならない。

ここでもう一つ別の非難に答えておきたい。それは魂《プシケー》の体験を幾分かもっている人が発すると思われる非難である。ここで述べてきたすべての行法を通過せずとも、出生と死の現象を自分の直観を通して知ることができるような、もっと簡単な近道があるということは争いようのない事実である。わずかな刺戟を受けただけで開発されるような優れた魂の素質が考えられる。しかしそのような素質にめぐまれているのは例外的な人たちである。一方本書が述べる道は普遍的な、確実な道である。たとえば人は化学上の若干の知識を例外的な道の上でも獲得できる。しかし化学者になろうとするなら、普遍的で確実な道を行かねばならない。

もし誰かがもっと楽に目標に達しようとして、上述した種子または植物をただ心に思い描き、想像の中に保持するだけですませようと考えるとすれば、大きな誤謬に陥ることになる。そうすることでも目標に達することができるが、その道は上述の道のようには確かでない。そこで手に入れた直観は大抵の場合想像力が生み出す主観的な幻影でしかない。それに客観的な内容を与えるためには、この直観をもう一度霊的直観に変化させなければならない。なぜなら単なる恣意によって主観的な直観を生み出すことではなく、客観的現実が私の中に新しい直観を創造することが問題なのだから。私自身の魂の深みから真理が湧き上がってこなければならない。しかし真理を呼び出すその魔術師が私自身の日常的自我であってはならない。その存在の霊的実相を私が直観しようとしている当の客観的存在こそが、このような魔術師でなければならない。

このような種類の行を通して、自分の中に見霊の最初の芽生えを体験した人だけに、人間自身の観察に向うことが許される。人生の単純な相をまず選ぶ必要がある。――しかしこの観察に向う前に、自分自身の道徳的性格の純化に努力し、行によって得た認識を自分の個人的な利益のために利用しようなどと決して考えてはならない。その認識が周囲に対して権力となりうるにしても、決してそのような権力を乱用してはならない。換言すれば、人間存在の秘密を直観によって知ろうとする人は、真の神秘学の黄金律に従わねばならないのである。その黄金律は以下の言葉で表現される。「神秘学の真理に向って汝の認識を一歩進めようとするなら、同時に善に向けて汝の性格を三歩進めねばならない」。――この規律に従う人だけに、以下に記す行の実践が許される。

自分の経験の中から、何事かを要求している人物の姿を取り上げ、それを心に思い浮べる。この人物の欲求に注意を向ける。欲求がもっとも生きいきとしており、その人が欲求したものを手に入れられるかどうか、まだ明らかでないような、そういう時点を思い出すのが一番である。この記憶像にまったく沈潜できるように、考えうる限りの内的平静を自分の魂の中に確保しなければならない。そして周囲からの刺戟を一切排除しなければならない。そして集中した表象作用を通して、ひとつの感情を、ちょうど何も見えぬ地平線上に湧き起る雲塊のように、魂の中に湧き上がらせねばならない。注意を向ける人間を上述した魂の状態の中で十分に長時間集中的に観察できず、そのため、瞑想が中断されてしまうのが普通である。おそらくは何百回でもむなしい試みをすることになるであろう。しかし忍耐を失ってはならない。多くの試みの後に、観察した人間の魂の状態に相応する感情が自分の魂の中で体験できるようになる。さらにその後しばらくして、自分の魂の中にこの感情を通してひとつの力が生れる。そしてこの力が他人の魂の状態を霊的に直観する力であることに気づくようになる。視界の中に何か光輝くものが立ち現れる。この光輝くものは欲求という観察された魂のいとなみのいわゆるアストラル的な姿である。この姿も焔のように感じられる。中心は黄がかった赤、周辺は赤味がかった青もしくは薄紫のように感じられる。このような霊的直観がはじめて現れる場合、細心の注意を払ってこれと相対することが大切である。一番必要な態度ははじめ師――もしそのような人をもっているなら――以外の誰にもそのことを語らぬことである。なぜならこの微妙な体験を不用意な言葉で語ろうとすると、大抵はひどい間違いを犯すから。大抵は不適当な、粗雑すぎる言葉を用い、その結果、経験内容を言葉にしようとする自分の試みを通して、真の直観の中にあらゆる種類の空想や幻想を混入しようとする誘惑に陥るのである。「汝の霊的体験については沈黙することを学べ」が神秘学徒にとってのもう一つの鉄則である。それどころか自分自身に対してもこの沈黙を守る必要がある。霊視したものを言葉で表現したり、未熟な判断力で穿鑿したりせず、とらわれぬ態度で霊的直観に没頭する。あれこれ考えることで心を乱してはならない。なぜならあなたの現在の思考力であなたの直観を消化することは全然できないのだから。あなたの思考力は物質的感覚的な世界の中でいとなまれてきたこれまでの生活から獲得された。

今あなたが獲得するものはこの世界を超越している。だから体験の新しい高さを古い尺度で計ろうとしてはならない。内的経験の観察を十分積んだあとでのみ、それについて語り、周囲の人たちにもその語る言葉で呼びかけることができる。

この行はもう一つの別の行によって補足されうる。同じ仕方で、誰かが願望の充足、期待の実現をどのようにしてもつことができたかを観察する。この場合にも、前述した同じ規則と注意を守ることによって、霊的直観に到る。中心が黄色く、周辺が緑がかった色の霊的な焔の形成をそこに認めることができる。

周囲の人をこのような霊視を通して観察できるようになると、道徳的な過失を犯すことが心の負担にならなくなる。容易に薄情な人間にもなれる。したがってそうならぬために、まさにあらゆる手段を尽して努力しなければならない。この霊視能力を身につけた人は、思考内容が現実的な力であることを確信できなければならない。周囲の人について考えるとき、人間の尊厳や自由を妨げるような考え方をすることがもはや許されなくなる。ひとりの人間を単なる観察の対象に過ぎないかのように考えることが、もはや一瞬たりともわれわれには許されなくなる。人間本性についてのいかなる霊視的観察にも必要なのは、自己を肯定しようとするすべての人間の意志を無制限に評価し、この意志を人間に内在する聖なるもの、われわれの冒すべからざるものと――思考のみならず感情においても――見做せるように、自分を教育することである。一切の人間的なもの――それが記憶の中で考えられたときにも――に対する畏れと恥らいの感情がわれわれを充たしていなければならない。

悟りがいかにして人間本性の霊視にまで到るかについて、ここではとりあえず、二つの例を示した。この記述によって、少なくともこの段階での歩むべき道の方向が明示できたと思う。この霊視に必要な内的平静を獲得できた人は、これだけでもすでに大きな魂の変化を経験するであろう。そしてさらには魂の経験する内的な豊かさによって、自分の外的な態度にも確かさと落ち着きが加わり、この外的態度の変化が逆にふたたび自分の魂そのものに影響を及ぼすであろう。このようにして自分で自分に影響を与えながら、ますます深く外的感覚には隠されている人間本性の秘密に光をあてる手段、方法を見出していく。そして遂に宇宙に存在するその他の一切と人間本性との間の神秘的な関連を洞察するまでに成熟する。――このようにして人間は霊界参入への第一歩を踏み出す時点にますます近づく。しかし霊界へ参入する以前に、なおひとつの必要な事柄が残されている。それは神秘学徒がはじめはおそらくその重要性に気づくことのもっとも少ないような事柄である。その重要性は後になってはじめて明らかになる。

すなわちふさわしい勇気と大胆さが霊界参入には特に必要なのである。この二つの徳性を発達させる機会を、神秘学徒はいたるところに探し求めねばならない。行を通しても、まったく組織的にこの二つを育成せねばならないが、人生そのものが特にこの点では優れた、おそらく最上の道場であるといえる。危険を平静な眼で直視し、進んで困難を克服しようとする態度を神秘学徒は身につけなければならない。たとえば或る危険に直面したとき、すぐ次のように感じられるように努力しなければならない。――私が今不安を感じたとしても何の役にも立たない。不安を感じてはいけない。何を為すべきか、だけを考えればよい。――そのようにして神秘学徒は、これまでなら不安を感じたような場合にも、少なくとももっとも内なる感情においては「不安や無気力に陥ること」が不可能になるまでに到らねばならない。この方向に自己を教育することによって、高次の秘密に参入する上で必要とされる特定の力を開発することができる。肉体がその感覚を働かせるためには神経の働きが必要であるように、魂は勇気と大胆さによってのみ生み出される力を必要とする。高次の秘密は通常、感覚のヴェールによって覆われている。したがって感覚によっては高次の真実を見ることができない。しかし感覚はまさにそのことによって人間に恩恵を施している。なぜならそれによって、準備のできていない人間にはその光景が見るに絶えず、敢えて見れば大変なショックを受けてしまうような事柄が隠され続けるからである。しかし神秘学徒はこの光景に怯んではならない。感覚の迷妄を信じていたときには、このことによって外界に或る種の支点が与えられていた。この支点が失われるとき、それはすでに長いこと危険に直面していたのにそれと気づかなかった人が、いきなりその危険に気づかされる場合とまったく同一である。それまでは全然不安を感じなかった。しかし周囲の状況に気づいた今、新たに危険が増大したのではないにしても、底知れぬ不安が彼を襲う。

宇宙の力は破壊的であり建設的である。外界のすべての事物は生成し死滅する。事物のこの運命、宇宙のこの作用を認識しなければならない。通常の生活のために視界を遮っていたヴェールは取り払われねばならない。一方人間自身もまたこのような力や運命の中に織り込まれている。彼自身の本性の中に破壊と建設の力が共存している。霊視力を得た人間の前に、外なる事物があらわな本性を開示する一方で、彼自身の魂もその本性を隠さずに露呈する。このような自己認識に際して神秘学徒が勇気を失わぬためには、あらかじめ勇気を、いわば過剰に、貯えておく必要がある。そのためにこそ、困難な生活状況の中で不動の内的平静を保持し続ける努力が必要なのである。そして善なる力を信頼すること、それを人生の中で学び取らねばならない。これまでの彼に指針を与えてきたさまざまの動機が彼を導いてくれることはもはやない、と覚悟をきめる必要がある。これまでは無知にとらわれていたがために、そのように考えたり行ったりしてきたのだ、とあらためて気づかされるであろう。さまざまの根拠が一挙に失われる。彼が行ってきた多くのことは虚栄心から発していた。しかし虚栄がどんなに無価値なものか、今彼はあらためて悟らされる。彼は多くのことを貪欲から行ってきた。貪欲がどんなに有害なものか、今彼は理解する。今後の思考と行為のために彼はまったく新しい動機を自分で作り出さねばならない。そのためにこそ勇気と大胆さが必要なのである。

特に、思想生活のもっとも深い部分にこの勇気と大胆さがなければならない。失敗をおそれてはならない。「また失敗してしまった。しかしそれを忘れてしまおう。そして何事もなかったように、新しい試みを始めよう」。――神秘学徒はそう考えることが常にできなければならない。そのようにして、世界の中から汲み取ることのできる力の源泉が枯渇することは決してないという確信に到達するようになる。彼の地上的な部分がどれ程力を失い、弱さを示すようなことになっても、彼は何度でも自分を支え、そして高めてくれる霊的な部分を求めて闘う。彼はどんな状況の中でも未来に向って生きることができなければならない。過去のどのような経験も未来への努力を妨げてはいけないのだ。——以上に述べた特性を或る程度まで身につけたとき、高次の認識の鍵である事物の真の名前を知る用意ができたことになる。世界の事物の名前をその神的創始者の精神に従って名づけることを学ぶことに、霊界参入の本質がある。名前の中に事物の秘密が隠されている。それ故参入者たちは特別の言葉で語る。彼らは万物創造の由来を表す名称を知っているのである。——霊界参入（イニシエーション）そのものについては次の章において可能な限り詳述するつもりである。

三　霊界参入

一般に理解可能な言葉で暗示することのできる神秘修行についていえば、霊界参入こそその最高の段階である、といえる。この段階よりも高次の修行になるとどんな記述も理解し難くなる。とはいえ、準備と開悟と霊界参入の諸段階での秘密内容を認識するところまで来た人には、どのような修行の道もさらに開かれている。

霊界参入者に伝授される知識と能力は、この行なしでは、遠い未来に——何度も輪廻転生を重ねた末に——まったく異なる方法と形式を通して、はじめて獲得されるべき事柄である。今日参入を許された人は、したがって、そうでなかったらはるかな未来に、まったく異なる状況の下で経験するような事柄を、この世で経験できたのである。

人はその成熟の度合に応じた程度でしか、存在の秘密を本当に経験することはできない。そして、知識と能力の高次の段階へ到ろうとする人の前には、成熟を促すさまざまの障害が待ちかまえている。もし十分訓練を受けずに拳銃を発射したら、大変な惨事を惹き起しかねないからである。——もし今日、誰かに霊界参入が許されるとすれば、輪廻転生の中で、秘密の伝授を受けるにふさわしいところにまで進化するために積まねばならぬ諸経験をその人は通過しないで済ますことになる。それ故霊界参入の門前で、そのような未来の諸経験が何か別の仕方で代償される必要がある。したがって霊界参入を志す者への最初の指導は、未来の諸経験をいかに代償しうるかである。いわゆる「試煉」がこれに当る。志願者はこの試煉を通過せねばならない。それはこれまで本書が述べてきた修行を正しく続けてきた者にとっては、当然の結果として現れてくる。

「試煉」については、しばしば書物の中でも語られている。けれども概して正しい観念を与える書物は少ない。なぜなら準備と悟りの段階を通過しなければ、決して試煉を経験しえず、したがって著者自身にそのような神秘修行の経験がない場合には、事柄を具体的に記述できる筈がないからである。

「試煉」を受けるためには必ず高次の世界に属する諸事象、諸事実が体験できていなければならない。しかし、彼がそれらを見たり聞いたりできるのは、「準備」と「開悟」の記述に際してふれた形、色、音などの霊的知覚内容が感取できるときだけなのである。

第一の「試煉」は、無生物、植物、動物、人間の体的特質について、通常の人間の場合よりもはるかに真実なる直観を獲得することである。しかしこのことは、いわゆる科概して学的認識を獲得することではない。科学ではなく、直観が問題なのである。——概してこの過程は次のように進行する。まず霊界参入の志願者には、自然物や生物が霊眼と霊耳にどのように自己を顕すかが認識できるようになる。次いで或る特定の仕方で、これらの事物は何にも覆われぬ裸の姿を観察者の前に晒す。その時に見聞きできる事物の特質は、身体的な眼や耳には、ヴェールで覆い隠されている。このヴェールが霊界参入者のために脱げ落ちるには「霊的燃焼過程」と呼ばれる手続きが必要である。したがってこの第一の試煉は「火の試煉」と呼ばれる。

或る人たちの場合、日常生活そのものが多かれ少なかれ無意識的な「火の試煉」による霊界参入の過程を示している。その人たちは豊かな経験を通して、自己信頼、勇気、不撓不屈の精神を健全に育成する努力を重ね、苦悩、幻滅、失敗を魂の偉大さ、特に内的平静と忍耐力とをもって堪えぬく術を知っている。このような人生経験を通過してきた人の多くは、自分では気づかなくとも、すでに霊界へ参入している。だから霊眼、霊耳を聞いた見霊者となるには、わずかなことしか必要ではない。真の「火の試煉」にとって本質的なことは、志願者の好奇心を満足させることではない。確かに彼は、他の人たちが予想もできぬような、常識を超えた事柄を知るようになる。しかしこの知識は目標ではなく、目標へ到る手段である。志願者が高次の世界の認識を通して、一般に低次の世界の中で獲得しうるものよりも、一層偉大にして真実なる自己信頼、一層高次の勇気と持久力、新しい種類の魂の偉大さを獲得すること、これこそが「火の試煉」の目標でなければならない。

「火の試煉」のあと、志願者はそこから立ち戻り、物的な面でも、魂的な面でも、力強さを得て、人生を継続する。霊界参入の過程は来世においてはじめて継続されることもある。しかし現世においては以前よりも、もっと有用な社会の一員となる。どんな状況においても、何ものにも惑わされぬ彼の見識、周囲の人へのよき感化力、ゆるぎない決断力を彼は今まで以上に示す。

火の試煉を通過したあと、神秘修行をさらに続けようとするなら、今度は、神秘修行と結びついている文字体系を解読しなければならない。この文字体系の中で、本来の神秘教義が開示される。本当に「隠れた」（オカルト的な）ものは、直接通常の言語で語ることも、通常の文字で表記することもできない。勿論導師から学んだ神秘教義はできる限り通常の言語に翻訳されねばならない。しかし霊的知覚を獲得したとき、常にオカルト文字が魂に直接語りかけてくる。この文字がいつでも霊界の中に書き記されているからである。しかしこの文字は人工文字のようには習えない。むしろ事実に即した仕方で見霊的認識の獲得に努めればよい。そうすればこの努力から、ひとつの新しい魂の能力として、霊界の諸事象、諸本性を、文字の字母のように解読しうる力が生じてくる。魂の進化の過程では、この力がおのずと目覚め、おのずとふさわしい「試煉」を体験するという場合もありうる。しかしオカルト文字の解読に長じた神秘学者の指導に従うなら、一層確実に目標へ達する。

神秘文字の記号は、勝手に作り出されたものではなく、宇宙に作用している諸力に対応している。この記号によって事物の言語が理解できるようになる。志願者はその記号が形、色、音など準備と開悟の段階で知覚できた霊的事物に対応していることにすぐ気がつく。これまでに理解できたすべての事柄がまるでアルファベットを一音一音読み上げるようなものでしかなかった、と彼には思われる。今はじめて、高次の世界の中で読むことを学ぶ。それまでは単なる個々の形、音、色に過ぎなかったが、それらが偉大な関連の下に現れてくる。今はじめて高次の世界の観察に確実さが加わる。それまでは自分の眼に映じた事物が果して本当の姿であったのかどうか、確実に知る手立てがなかった。そして今はじめて高次の認識の諸領域で、導師と志願者との間に正しい意志の疎通が可能となる。なぜなら導師が日常生活の中で他の誰かとどれ程親しい関係を結ぼうとも、高次の認識を直接的な形で語ろうとすれば、上述した記号法によるしかないからである。

神秘学徒はこの記号法を通して生活上の特定の規準をも学ぶ。これまで知らなかった或る種の義務に気づくようになる。そしてこの生活上の規準を知ったとき、未参入者の行為の中にはまったく含まれていないような意味を持つ事柄を遂行できるようになる。彼は高次の世界の立場から行為する。このような行為の指針は上述した秘密文字の中にのみ見出されうる。

しかし神秘修行なしでもこのような行為を、意識することなしに、果すことのできる人たちがいる。この点も強調しておかねばならない。このような「人類と世界の助力者たち」は人生の中を祝福と善行を施しながら歩む。彼らには或る理由――それについてはここで論じる余裕がないが――によって、超自然的なまでの天性が賦与されている。彼らと神秘学徒との相違は、意識的に、全体の関連を考慮しつつ行うか否かに過ぎない。この人たちが霊界の諸存在から世界救済のために授けられたものを、神秘学徒はまさに修行によって獲得する。われわれはこのような神の恩寵を受けた人々を心から尊敬すべきだが、しかしだからといって、修行の道を余計なことと見做すことはできない。

秘密文字を学んだ神秘学徒のためには、さらに新たな「試煉」が始まる。今度は、高次の世界の中で彼が自由に確実な行動をとれるかどうかが証明されねばならない。通常、人は外からの刺戟に応じた行動をとる。周囲の事情が命じる義務に応えて、彼は仕事に従事する。――神秘学徒といえども、高次の世界に生きているからといって、日常の義務の遂行を怠ってはならない。高次の世界のいかなる義務も、日常の義務をわずかたりとも無視させてはならない。神秘学徒となっても、一家を支える父親としては良き父親であり続けねばならず、母親としても同様に良き母親でなければならない。役人、兵士、その他どんな職業の人が神秘学徒になっても、そのことによって仕事の能率を低下させることはできない。反対に、神秘学徒の特質はすべて生活の面でも未参入者には理解できない程にまで高められる。たとえ時折、未参入者の眼にそうは見えない場合があったとしても、――おそらく稀な場合であろうが――それは未参入者にとって霊界参入者の意図を正当に評価することが容易でないからに過ぎない。霊界参入者の行為の本質は、いつでもすぐに見通せるとは限らないのである。とはいえすでに述べたように、このことはただ特別の場合についてのみいえることである。

さて、上述の段階に達した者には或る種の義務が課せられるが、その際には何も外的な誘因が存在しない。彼は外的な状況によってではなく、「隠れた」言語が教えてくれるあの規準によってのみ、それらの義務を遂行しなければならない。しかもこの第二の「試煉」を通して、彼は役人が役所の職務を遂行するのと同じ確かさで、自分に課せられた義務を、この規準だけに従って遂行できなければならない。――この試煉のために、志願者は修行を通して特定の課題の前に立たされていると感じる。彼は準備と開悟の段階で得た能力が知覚する事柄に従って、或る行為を遂行しなければならない。何を遂行すべきか、それは自分で手に入れた秘密文字の解読法によって認識されねばならない。正しく義務を認識し、正しく行為を遂行するなら、この試煉に合格したことになる。その結果、霊眼、霊耳が知覚する形、色、音に変化が現れる。これらの形、色、音が義務遂行のあとでどのように見え、どのように感じられるかは、神秘修行の進歩に応じてまったく正確に指摘される。どうしたらこのような変化を生ぜしめうるか、志願者自身がそれを見出さねばならない。――この試煉は「水の試煉」と呼ばれる。なぜなら底に足がとどかぬ水中では、どこにも足場がないように、この試煉の場においても行為する人間を支えてくれるものがどこにもないからである。――志願者が完全な確かさを得るまで、この試煉は何度でも繰り返されねばならない。

この場合にも、或る種の特性を獲得することが問題になる。高次の世界での経験を通して、短い期間のうちにこの特性を、通常の生活経験だけなら多くの転生を必要とするであろう程にまで高める。大切なのは次の事柄である。志願者は存在の高次の領域で上述の変化を生ぜしめるために、超感覚的な知覚と秘密文字の解読によって得た事柄だけを頼りとする。その場合、もしも試煉の最中に何らかの個人的な願望や意見が混ざるようだと、その瞬間に、志願者の心は正しい認識から得た法則にではなく、恣意に従ってしまう。そうすると生じるべきものとはまったく異なったものが生じてしまい、志願者は、行為の目標に通じる方向をたちまち見失い、混乱にまきこまれるであろう。――それ故人間はこの試煉を通して、自制心を育成する無数の機会に出会う。この点が重要なのである。したがってここでもまた、霊界参入以前の人生体験において、自制心を身につけることができた人の方が一層容易にこの試煉を通過することができる。気まぐれや恣意にではなく、崇高な理想や根源的な命題に従う能力を獲得した者、個人的な好みや性向が義務を忘れさせようとする場合にも、常にその義務を遂行できる人は、意識しなくても、すでに日常生活の中での霊界参入者である。そしてこのような人がこの試煉を通過するのに必要なことは、あとわずかしか残っていない。というよりも、この第二の試煉を通過するためには、すでに意識せずに獲得された日常生活における霊界参入がどうしても必要なのだ、といわねばならない。なぜなら若いときに正しい文字の書き方を習わなかった多くの人には、成年に達したあとで、それを取り返すことがむずかしいように、すでにあらかじめ日常生活の中で或る程度の自制心を獲得することなく、高次の世界の認識に直面して、必要とされる自制心をあらためて獲得するということもまた、むずかしいからである。物質界の事象に関しては、たとえわれわれが何を欲求しようとも、またわれわれがどんな性向をもっていようとも、それによってそこに変化が生ずることはないといえる。しかし高次の世界の事象に関しては、われわれの願望、欲望、性向がその事象に対する影響力をもっている。もしわれわれが高次の世界の事象に対して、それにふさわしい仕方で働きかけようと欲するなら、われわれは自分を完全に支配しなければならず、もっぱら正しい規準に従わねばならず、そして決して勝手な欲求に負けてはならない。

霊界参入のこの段階において特別重要な人間の特質は、無条件に健全で確実な判断力である。すでにそれ以前のあらゆる段階において、このような判断力を育成しておく必要がある。そして志願者が真の認識の小道を歩むにふさわしい判断力を手に入れているかどうかは、この育成の在り方にかかっている。志願者は、実体のない幻影を、迷信を、さらにはあらゆる種類の眩惑物を真の現実から区別できるときにのみ、さらに進歩を続けることができる。この区別は低次の段階におけるよりも、高次の段階における方が一層困難である。高次の段階であればある程、問題とする事柄に関して、いかなる偏見も執着も存在することが許されない。ひとえに真実だけを規範としなければならない。もし論理的に考えてみて、どうしても必要であるなら、直ちに自分の思想、自分の観点または傾向を棄てる用意が完全にできていなければならない。自分の意見に固執しないときにのみ、人は高次の世界における確実な立場を獲得することができる。

　空想や迷信に陥りやすい人は神秘修行の小道において進歩することができない。神秘修行の過程でひとつの貴重な財宝が与えられる。すなわち、高次の世界におけるすべての疑惑が消え、高次の世界そのものが彼の眼前にその法則を開示する。しかし神秘修行者が幻想や眩惑物にとらわれている限りは、この財宝を獲得することができない。空想や偏見が悟性と結びついているとしたら、それは彼にとって決して良い結果を生ぜしめないであろう。空想家や夢想家は迷信家と同じように、神秘修行の小道を歩むのには不適当である。以上の点はどれ程強調したとしても決して十分ではない。なぜなら夢想、空想、迷信の中にこそ、高次の世界を認識せんとする者にとっての最悪の敵がひそんでいる。しかしそれでは神秘修行者になると、人生の詩を、あるいは感激する能力を失ってしまう、と考える必要はまったくない。たとえ霊界参入の第二の試煉へ到る門の上に、「すべての偏見を棄てねばならぬ」という文字が記されており、すでに第一の試煉の門の前でも「常識を持たねば、どんな歩みも空しい」という言葉に出会っていたとしても。

ここまで進んでいった志願者には、第三の「試煉」が待っている。最後のこの試煉にはどんな目標も感じられない。すべては彼自身の手に委ねられている。何ものも彼を行為に駆り立てようとはしない。そのような状況の中で、彼はまったく独りになって、自分で道を見出さねばならない。どこへ向っていったらいいのか、自分自身の他には、自分の行くべき方向を示し、自分の必要とする力を与えてくれるような何ものも、何ぴとも存在しない。自分自身の中に力を見出せないなら、彼はすぐにふたたび、もといたところに立ち戻ってしまうであろう。とはいえ、これまでの二つの試煉を通過した者の中で、この力を見出せないのは極くわずかな人たちだけだ、ということができる。すでに落伍してしまったか、この試煉をも通過できるかのいずれかである。この第三の試煉にとって必要なのは、速やかに自分自身を取り戻すことにある。言葉のもっとも真実の意味で自分の「高次の自我」をこの試煉の間に見出さねばならない。すべての事柄において霊の呼びかけに応じる決意を速やかに固める。もはやどのような意味でも躊躇、疑惑などに費す時間はない。ただの一分間だけ逡巡しても、ここではまだ成熟していないことの証明になる。霊の声に従おうとする気持を邪魔するものは、直ちに克服されねばならない。大切なのはどんな状況の下でも霊の現存を証明することである。今この進化の段階で完成させねばならないのはこの能力である。これまで習慣的に持っていた態度や思考への誘惑はすべて力を失う。惰性的な態度をとり続けないためには、自分自身を見失ってはならない。なぜなら自分自身の中にこそ、自分を支えてくれる唯一確実な支点が見出せるのだから。本書をさらに読み進めることなく、今この箇所を読んで、自分自身だけを拠り所にする立場に不安を感じる必要はないであろう。なぜならここに記した試煉に合格することは、人間にとってこの上なく祝福された喜びだからである。

そして他の場合にもまして、日常生活がこの場合多くの人にとっての神秘修行の道場となっている。突然一生の大問題を迎えて、おそれることなく、あまりくよくよもせずに、すみやかな決断を下すことができるようになった人物にとって、人生は修行の場であったに違いない。すぐに手を打たないと、取り引きを成功させることができなくなってしまうような状況はすぐれた道場であるといえる。不幸が予想でき、少しでも躊躇したらその不幸が現実のものとなってしまうようなとき、ただちに決断を下せる人、しかもそのような決断力を自分の変らぬ性質にしている人は、意識せずとも、第三の「試煉」を通過しうるところにまで達している。なぜならこの試煉は無条件的な霊の顕現を実現することを目的としているのだから。——この試煉は神秘修行上「風の試煉」と呼ばれる。なぜならそこでは外的誘因という確かな地盤や、準備と開悟の段階で認識した色、形などから生じる事柄を拠り所にすることができず、もっぱら自分自身以外に頼るものを持たないからである。

この試煉を通過した神秘修行者は、「高次の認識の神殿」に入ることが許される。——それについてさらに言いうることは極くわずかな暗示でしかない。——この時点でさらに何を為すべきかはしばしば次のように表現される。「神秘修行者は神秘教義の秘密を決して他人に漏らさぬという誓いを立てねばならない」。とはいえ「誓い」と「秘密を漏らす」という表現は事実に即しておらず、したがって誤解を招きやすい。ここでいう「誓い」とは、通常の意味での誓いではない。むしろこの進歩の段階に応じたひとつの経験をもつことを意味している。人はどうしたら神秘教義を人類のために役立たせうるかを学ぶ。今はじめて世界を正当に理解しはじめる。高次の真理内容について「沈黙を守る」ことではなく、むしろその真理内容を主張する正しい仕方、ふさわしい態度を経験的に知ることが大切なのである。何について「沈黙」すべきかということはこれとはまったく別の事柄である。すなわち沈黙すべきなのは人がこれまですでに語ってきた多くの事柄についてであり、特に大切なのは、これまでの語り方で語ることをやめて沈黙するという素晴らしい特性を身につけることである。もし自分の学び得た秘密を世界のために可能な限り広く、かつ立派に役立てるのでなければ、決してすぐれた師とはいえない。この点神秘教義の伝授に際しては、教示を受け容れる側の無理解だけが妨げになる。勿論、高次の秘密を面白半分に語ることはできない。しかし上述した段階まで進歩してきた人間にとって、言うことを「禁じられている」ような事柄は存在しない。どんな人間も、どんな存在も彼にそのような方向での「誓い」を命じることはできない。すべては彼自身の責任に任されている。彼が何を学び、何を行うべきかは、どんな状態の下でも、自分自身によって決定されねばならない。だから「誓い」とはこのような責任を担うことができるまでに成熟した、ということ以外の何ものをも意味してはいない。

今述べたところにまで成熟した志願者は象徴的に「忘却の飲み物」といわれているものを受ける。すなわち低次の記憶に邪魔されることなく、いつでも霊的な働きに集中できる方法を伝授される。これは導師となるには必要な事柄である。なぜなら導師は常に現在の状況に直接向い合うことができなければならないからである。どんな時にも人間を取り巻いている思い出というヴェールを取り除くことができなければならない。もし私が今日の事件を昨日の経験に従って判断するとしたら、さまざまの誤謬に陥ることになりかねない。勿論人生経験そのものを否定するのではない。人生経験は可能な限り、常に利用できなければならない。しかし導師であるためには、すべての新しい体験をその体験から評価できる能力を身につけなければならない。そして一切の過去の経験によって曇らされることなく、自分をその体験の作用に委ねなければならない。どの瞬間にも事物や存在がまったく新しい啓示を与えてくれる、という観点を忘れてはならない。新しい事柄を古い事柄に従って評価することは、誤謬を持ち込むことに通じる。古い経験は新しい何かを洞察する上でこの上なく役立ってくれる。もし私が特定の経験をしなかったら、今私の前に現れている事物や存在の特徴をおそらく全然洞察することができなかったであろう。しかし新しいものを古いものによって評価することではなく、まさに新しいものを洞察するためにこそ、経験が利用されねばならない。この意味で導師には特定の能力が必要なのである。この能力のおかげで、未参入者の目には隠されている多くの事柄が彼には明らかとなるのである。

導師に与えられるもう一つの「飲み物」は、「記憶の飲み物」である。これを飲むと、高次の秘密を常に精神の中に生かし続けることができる。通常の記憶力はこの場合あまり役に立たないであろう。人は完全に高次の真理内容と一つにならねばならない。単にそれを知るだけではなく飲んだり食べたりするのと同じ生きた行為の中で、まったく自然に血肉化しなければならない。真理内容そのものが行となり、習慣となり、性向とならねばならない。その内容を通常の意味であれこれと思考する必要はまったくない。その内容が人間そのものとして表現され、身体の循環機能のように、人間の中を流れていなければならない。かくして彼は自分を、自然が肉体に対して為したように、霊的意味でますます進化させていくのである。

実践的観点

人間は、準備、開悟、参入の各章で述べた仕方で感情と思考と気分を育成していくと、自然が肉体に与えたような分節化を、魂と霊に与えることができる。この育成以前の魂と霊は分節化されざる状態にあり、見霊者の目には、互にからみあう渦巻形の、そして赤茶もしくは黄赤色のぼんやり微光を放った雲として知覚される。上述の仕方で育成された魂と霊は黄緑もしくは青緑色の霊光を放ち始め、そして規則的な構造がそこに現れてくる。人間は、自然が肉体に与えたような秩序を、したがって、見たり、聞いたり、消化したり、呼吸したり、話したりできるような機能を、自分の感情と思考と気分の中にもたらすなら、このような規則的な構造と共に、高次の認識をも獲得することができる。——魂で呼吸したり、見たりすることや、霊で聞いたり、話したりすることを、神秘学徒は次第に学ぶようになる。

ここで魂と霊とに対するこのような高次の育成を達成するための若干の実践的観点について、より一層立ち入った考察を行っておきたい。それは基本的にはすべての人が何らかの別の規則を顧慮しないでも実践することができ、そうすることによって神秘学の道を一層深めることのできる観点である。

第一に忍耐することを特別に学ばねばならない。あらゆる種類の焦りは人間の中に微睡んでいる高次の能力を麻痺させ、時には死滅させる。今日か明日までに超感覚的世界への無限の展望がひらけるように、と要求することはできない。なぜならそのような性急さから展望がひらけることはまったく有り得ないからである。どんなわずかなことでも、達成できたことに対しては感謝をもって応え、満足と平静な心とがますます魂を支配するようになるべきである。――修行者が成果を上げたいと性急に願うのは当然である。しかしその苛立ちを抑えることができない間は、どんな成果も期待できない。苛立ちをただ抑えてみてもあまり役に立たない。その場合には苛立ちがますます深まるばかりである。心の表面からはそれが消えたようにみえても、魂の奥底でますます力を強めるであろう。次のような思考内容に繰り返し心を沈潜させ、これと心をひとつにするとき、ある程度の成功がはじめて期待できるようになる。――「魂と霊の育成のために、私はどんな努力も惜しまない。しかし高次の存在たちが私のことを悟りを得るにふさわしいと見做してくれるまでは、まったく静かに待ち続けるつもりだ」。この思考内容が自分の性格の一部分になるまでに深くそれを心に作用させうる人は、正しい道の上に立っている。その時はすでに外見の上にもこの性格的な特徴が現れてくる。眼差しは落ち着き、身のこなしに確かさが加わり、決断力が増してくる。神経質な要素も次第になくなる。一見無関係に思われるような小さな規則を守ることがこの場合有効である。たとえば誰かが、われわれを侮辱したとしよう。神秘修行をする以前には、侮辱した相手に対して敵意を感じ、怒りがわれわれの内部に燃え上がった。しかしこのような場合、神秘道の修行者の心中には、直ちに次のような思考内容が立ち現れる。「このような侮辱によって私の価値が変るわけではない」。そしてこの侮辱に対して、必要と思われる処置を彼はとる。怒りからではなく、平静な心をもって。勿論すべての侮辱を甘んじて受け入れよというのではなく、別の誰かが不当に侮辱されたとき、当人に代ってそれをとがめる場合のように、静かに確信をもって、自分の人格に対して加えられた侮辱をとがめればよいのである。——神秘道の修行は外からも見えるほど大雑把な事柄の中にではなく、感情と思考のいとなみの静かで繊細な過程の中で進められる、ということを常に顧慮する必要がある。

忍耐は高次の認識の高貴な内容に対して共感的に、苛立ちは逆に反感的に働きかける。存在の高次の領域においては、性急な態度によっては何事も達成され得ない。したがって何をおいても要求と欲望を沈黙させねばならない。この二つは高次の認識を志すべての者にとって、魂の恥ずべき特性であるといえる。高次の認識にたとえどんな価値があろうと、修行の過程でそれを要求することは許されないのだ。自分自身のためにそれを欲しがるものは、決してそれを手に入れることができない。――このことは自分自身に心底から誠実であろうとする態度を求めている。どんな場合にも自分自身に幻想を抱いてはならない。自分自身の欠点、弱点もしくは無能な点を誠実な眼で直視しなければならない。――自分の何らかの弱点について自己弁護しようとする瞬間に、あなたは自分を高めていく道の上につまずきの石を置いたことになる。このような石はあなた自身の自己認識の中でしか取り除けない。自分の欠点や弱点を克服する道はただ一つ、それを正しく認識することである。可能性はすべて、人間の魂の中に微睡んでいる。それを目覚めさせることができればよい。人は自分の悟性や理性をも、どこにその弱点があるのか、平静な態度で解明できたとき、はじめて向上させることができる。勿論このような自己認識は決して容易ではない。なぜなら自分自身について幻想をもとうとする誘惑ほど逆らい難いものはないからである。自分自身に対して誠実な態度をとる習慣を身につけなければ、高次の認識への門はひらかれない。

神秘学徒はあらゆる種類の好奇心を捨て去らねばならない。個人的な知識欲を満足させるためにのみ知ろうと思う事柄については、可能な限り問うことをあきらめねばならない。自分の存在を完成させ、人類の進化に寄与することができる限りにおいてのみ、問うことが許される。とはいえ知ることへの敬虔な喜びを決して麻痺させるべきではない。彼は自分の理想の実現に役立つすべてに敬虔な心で耳を傾け、そのようなすべての機会を探し求めねばならない。

神秘修行の完成には特に願望の在り方の教育が必要である。人は決して満ち足りてしまってはならない。なぜならわれわれが達成すべき事柄はすべてわれわれの願望の対象であるべきだからである。そしてもし願望の背後に或る特別の力が働いているなら、その願望は常に成就されるであろう。その特別の力とは次のような正しい認識から生じる。――「何が正しいのかを認識する以前には、どのような願望ももち得ない」。これは神秘学徒にとっての鉄則の一つである。賢者はまず世の中のさまざまの法則を学ぶ。その上に立ってこそ、願望が実現の力になる。――ここで以上の点をはっきり印象づけてくれるひとつの例をあげておこう。確かに誰でも生れる以前の自分の存在について知ることができればと願うであろう。しかしこのような願望は、もしその人が霊学研究を通して永遠なる存在の法則を、しかもその法則のこの上なく微妙で内密な性格に到るまで、認識することができていなければ、まったく無意味であり、何の結果も生ぜしめない。しかしもしその人がこの認識を獲得し、その上でさらにその先へ進もうとするのなら、彼は自分の高められ、純化された願望を通してそれを達成するであろう。

次のような言い方は何の役にも立ってくれない。「私は前世の生活を知りたい。その目的のためにこそ神秘学を学びたいのだ」。むしろこのような願望をすべて捨て去り、しばらくは何も意図せずに学ぶことができなければならない。このような意図をもたずとも、学習に対する喜び、その学習内容に対する畏敬と帰依の念が強められねばならない。そうすることによってのみ、成就させるにふさわしい真の願望を持つことをも、同時に学べるのである。

怒ったり、不機嫌になったりするときの私は魂の周囲に壁を巡らし、霊眼を育てる力が私の中へ入って来られないようにしている。たとえば誰かが私を怒らせるとき、その人はアストラルな流れを魂の世界の中へ送り込んでいる。怒っている最中の私にはこの流れが見えない。怒りがそれを隠している。勿論怒らなくても、この魂的（アストラル）な流れがすぐに見えてくるわけではない。なぜなら見るためには、魂の眼を開かなければならないから。しかし魂の眼は、素質として、すべての人間に内在している。いつまた怒り出すかわからぬような人の場合、この眼は働こうとしない。しかし何度か怒りが抑えられたとしても、それだけではまだ不十分である。常に怒りを克服しつつ、忍耐強い前進を続けなければならない。そうすれば或る日、自分の魂の眼が開かれたことに気づく。勿論この目標に到るために克服しなければならないのは、怒りだけではない。多くの人は長年の努力で、やっと魂の若干の特性が克服できたのに、依然として見霊能力が現れてこないのに苛立ち、懐疑的となる。けれどもその人たちは、若干の特性に注意を向けただけで、他の諸特性を勝手に蔓延《はびこ》らせてしまっていたのである。見霊能力は、この能力を微睡んだ状態のままにしておこうとするすべての特性が克服されたあとで、はじめて現れてくる。勿論霊視（または霊聴）の徴候はそれ以前にも認められるが、しかしその場合にはまだあらゆる錯覚の可能性にさらされており、細心の注意を払って育成しなければすぐに枯れてしまうような、繊細な魂の若木でしかない。

怒りや不機嫌と共に、恐怖、迷信、独断、虚栄心、功名心、好奇心、饒舌など、さらには身分や性や人種のような外的特徴から人を区別する態度もまた克服されねばならない。われわれの時代には、このような魂の特性を克服することが認識能力の向上に関係があるとは考えにくいであろう。しかしすべての神秘学者は知性の拡大や不自然な修行の実践よりも、このような特性の克服の方がはるかに重要であることを知っている。とはいえ恐れてはならぬからといって、わざと大胆不敵な態度をとってみたり、身分上、人種上の偏見を克服すべきだからといって、人間の区別を一切立てなかったりするとすれば、事柄の本質を間違って捉えたことになる。偏見にとらわれぬときこそ、はじめて正しい認識が獲得できる。日常生活の中でも或る現象に対する恐れはこの現象への洞察を妨げ、或る人間に対する人種的偏見はその人の魂に眼を向けることを妨げる。この日常体験されることの意味を神秘学徒は特に繊細で鋭敏な態度で把握し、それを自分の内部で大きく発展させねばならない。

徹底的に考えぬいたのではない事柄を口に出すことも、神秘修行の道につまずきの石を置くことになる。この点で特に注意する必要があるのは、たとえば誰かが私に何かを語り、私がそれに返事をする場合である。そのような場合、私はその話題に対して自分が言おうとする事柄よりもむしろ相手の意見や感情、さらにはその偏見にさえもより以上の敬意を払わねばならない。こう言うことによって、神秘学徒が細心の注意を払って努力すべき繊細な配慮が暗示されている。神秘学徒は他人の意見に対して自分の別の意見を出して見せるとき、それが当の相手にとってどんな意味があるのか、見通すことができなければならない。とはいえ自分の意見を差しひかえろと言うのではない。決してそんなことを言うつもりはない。けれども人は可能な限り正確に他人のいうことを理解し、そこから得た事柄に則って自分の返事をまとめなければならない。このような場合、もし神秘学徒の心中に、そのつど次のような想念が生じるなら、そしてこの想念が自分の性質の一部分になっているなら、彼は正しい道の上にいるといえる。この想念は以下のような言葉で表現することができよう。「私が他人と異なる意見をもっているかどうかはどちらでもよい。大切なのは、私の方から何をつけ加えたら、その人が自分で正しい事柄を見出せるようになれるか、ということだ」。このような想念、思考を通して、神秘学徒の性格と行為とは、一切の神秘修行の主要手段の一つである温和さを獲得する。厳格であることは霊眼を目覚めさせるべき魂的構成体を彼の周囲から追い払う。温和であることは彼のために障害を取り除き、彼の器官を外へ向って開かせる。

温和な態度はもう一つの特徴をもやがて魂の中に作り出してくれるであろう。それは自分の魂からの語りかけをすっかり沈黙させ、周囲の魂のいとなむあらゆる種類の微妙な動きだけに静かな注意を向ける態度である。この能力を自分のものにすることができた人は、周囲の魂のいとなみからの影響を受けながら、ちょうど植物が太陽の下に生長していくように、自分の魂を生長させ、分化発展させる。真の忍耐の中での温和と寡黙とは魂のために魂界を、霊のために霊界を開示してくれる。——「平静と孤独の中に留まれ。神秘修行以前に感覚が汝に与え続けてきたものに対して感受性を閉ざせ。これまでの習慣化した思考のいとなみを一切停止させよ。内的にまったく静粛、寡黙になれ。そして忍耐強く待ち続けよ。そうすれば高次の世界が汝の魂の眼と霊の耳を生み出してくれるであろう。直ちに魂と霊の世界を見聞きできるなどと期待するな。汝のそのような実践だけが高次の感覚の育成に役立つ。そして魂で見、霊で聞く能力は、汝がそれを所有し得た時はじめて行使すればよい。それまでは平静と孤独の時間を持つ一方で、汝の稼業にも専念せよ。そして『ふさわしい成熟に達したなら、いつかはそうあるべき自分になるであろう』という想念をその間にも深く心中に刻み込んでおけ。恣意的に高次の力を引き寄せようなどとは決して思うな」。これははじめて道を歩むに際して、すべての神秘学徒が師から受ける教えである。この教えに従う者だけが進歩する。この教えを守らねば、どんな努力もむなしい。この教えは決して困難ではない。ただ忍耐と持続力をもたぬ者にとってのみ、それは困難に思えてくる。自分で勝手に道に持ち込むもの、本当に避けるつもりなら誰にでも避けられるもの、それが神秘修行における障害なのであり、それ以外の障害は存在しない。このことは何度でも強調されねばならない。なぜなら神秘修行の困難さについて、多くの人がまったく誤った観念をもっているから。或る意味ではこの小道のはじめの道程を通過することの方が、神秘修行なしに日常経験する困難を克服することよりも一層容易である。――その上本書は肉体にとっても魂にとってもまったく危険のない事柄しか述べてはいない。別の仕方で、もっと速やかに目標へ到らしめる道もまた存在する。しかし本書が述べる修行は、そのような道とはまったく関係がない。なぜならそのような道は真の神秘学者なら決して望まぬ筈の影響力を弟子に及ぼすからである。いつの世にもそのような道を説く人が公衆の面前に姿を現してくるから、その道へ向うことに対してははっきりと警告しておかねばならない。導師だけに理解できるいくつかの理由から、これらの道の真の姿が一般に公開されることは決してありえない。そこここに現れるそれらの断片は健康、幸福、魂の平和を促進せず、妨害するのである。その真の本性も由来も知りえぬ暗黒の力に自分をすっかり委ねてしまうつもりのない人は、このような事柄に係わり合うことを避けるべきである。

神秘行を始める際の環境の問題についてもここで触れておこう。なぜならこの問題にいくつかの重要な点が含まれているからである。とはいえほとんど各人各様であるともいえる。基本的に自己中心的たらざるをえないような、たとえば生存競争が絶えず求められているような社会環境の中で修行する人は、自分の魂の器官の形成がこの環境からの影響を受けざるをえないことを意識していなければならない。魂の器官の内的法則の働きが十分強く、この影響があまり有害なものにならずにすむ場合もある。百合が適していない環境の中でも薊《あざみ》にはならず、依然として百合であり続けるように、霊眼が近代都市の利己的な利害関係の中で、本来の目的に反するような何かになってしまうことはありえない。とはいえ、いずれにせよ時折は大自然の平和な安らぎや優しさの中に、もしくはその崇高美の中に身をおくことが望ましい。特に神秘修行にとって好都合なのは、緑陰の下や日のあたる山中、もしくは愛すべき単調な自然のいとなみの中で行に没頭しうる環境をもつことである。そのような場合、近代都市の中では決して与えられぬ調和の中で、人は内なる器官を開発することができる。少なくとも幼い頃、樅の木の香りを呼吸し、雪山を仰ぎ、森の中でけものや昆虫の生態を観察できた人は、都会の中だけで過してきた人よりも、好条件の下にある。それ故都会生活を余儀なくされている人は、自分の育ち始めた霊魂の認識器官の養分として、霊的体験に基づく神秘学の教えを摂取することを怠ってはならない。春が来る度に森の中の緑の変化を日々あとづけることができない人は、その代りにバガヴァッド＝ギーター、ヨハネ福音書、トーマス・ア・ケンピスの崇高な教えや神秘学の著述を、自分の魂の養分とすべきであろう。認識の山頂へ到る道がいくつもあるとはいえ、正しい道を選ぶことも大切なのである。時として、神秘学者は思いがけぬような仕方で、正しい道の選び方を教える。たとえば誰かが神秘修行の道をかなり進み、霊眼、霊耳が開かれるすぐ前まで来ていたとしよう。そのような状態の下で、鏡のような、それともおそらくは荒れ狂う、海上を航海する機会に恵まれたとき、彼の魂の眼を塞いでいた帯がほどける。突然彼は見霊能力を獲得する。――別の場合、同様のところにまで達している人の霊眼から覆いをとってくれるのは、烈しい運命の打撃であろう。おそらく修行者でなければ、そのような打撃は力を麻痺させ、生きる力をむしばむように作用したかも知れない。しかしそれが悟りへのきっかけとなり得たのである。――第三の修行者は忍耐しつつ、何年もの間、何も成果を認めることなく、道を歩み続けた。突然、静かな部屋に坐していた彼は、霊光に包まれ、周囲の壁が一挙に消え失せる。透明化した周囲に新しい世界が展開する。そして彼の霊耳には妙音が響いてくる。

神秘修行の諸条件

神秘修行に入るための諸条件は、誰かが勝手にきめうるような事柄ではなく、神秘学の本質に根差した事柄である。絵筆をとることがきらいな人が画家になれぬように、導師が必要な条件として課す事柄を実行しようとしない者は、決して神秘修行者にはなれない。神秘道における師は基本的には忠告しか与えることができない。しかしその忠告はすべて真剣に受けとめられねばならない。師は高次の世界の認識へ到る道を歩み通した。彼は経験から何が必要であるかを知っている。その師と同じ道を歩むつもりがあるかどうかは、個人の自由な意志に委ねられている。条件を充たそうとはせずに、神秘修行を自分に伝授せよ、と師に要求するとすれば、その要求は、絵を教えよ、しかし絵筆をとらそうなどとは考えるな、という要求とまったく変りはない。——神秘道の師は、伝授を願う者の自由意志が自分の忠告を受け容れる用意がないと見た場合、何も教示できない。しかしそのような一般的な意志だけでも決して十分ではない。多くの者がそのような意志をもっている。しかし漠然と意志だけもっていても、神秘修行の特別の条件に従うことができぬ間は、何も達成されない。神秘修行の難しさを嘆く者はこのことをよく考えるべきである。自分の中に厳しい具体的な実践の条件を充たす能力も意志も見出せぬ間は、しばらく神秘修行を断念せねばならぬ。条件は確かに厳しいが、しかし苛酷ではない。そしてその条件を充たすことは常にひとつの自由なる行為であるべきだし、そういう行為であらねばならない。

この点が理解できぬ間は、ともすれば神秘修行の要求が魂と良心とに対する強制のように思えてくる。なぜなら修行は内なる生活の育成であり、したがって師はこの内なる生活に係わる忠告を与えねばならぬからである。しかし自由なる決断の結果、自分が必要と認めた事柄は、決して強制ではない。——あなたの知っている秘密の知識を伝授して下さい、しかし私の今までの感情と表象はそのままにさせておいて下さい。もし師に対してそのように要求するとすれば、その人はまったく不可能な要求をしていることになる。その人は単なる好奇心、単なる知識衝動だけを満足させたがっている。このような態度では神秘知識を獲得することは決してできない。

それではここで、順を追って神秘道を歩むための条件を述べてみよう。以下の諸条件のどの場合にも、それを完全に充たすことではなく、それを充たそうと努力することが求められている。この点ははじめに強調しておかねばならない。以下の諸条件を完全に充たすことは誰にもできない。しかしその実現に向って努力することは誰にでもできる。ただこの道を歩み続けようとする意志と心構えだけが大切なのである。

条件の第一は、肉体と精神の健康に留意することである。どれ程健康であるか、勿論当人の意志だけではきめられない。しかし健康であろうと努力することは誰にでもできる。健康であろうとする人間からしか健全な認識は育ってこない。神秘修行が健康でない人間を退けることはあり得ないとはいえ、修行者は健全な生活への意志をもつようにかならず要求される。――健康への意志において、人はできる限りの自主性を獲得しなければならない。他の者が――大抵は何もたずねないのに――教えてくれようとするさまざまの良き助言は概してまったく不要である。自分自身のことに注意する努力が必要なのである。――むしろ肉体に関して何よりも大切なことは有害な影響を受けないようにすることであろう。義務を果すためには、しばしば健康によくない行動をも敢えてする必要が生じる。しかし健康に注意するよりも義務を果す方が重要な場合でも、最低限の健康への配慮は可能であろう。時として義務は健康よりも、否生命よりも大切である。しかしその義務のところに享楽がとって代ることはどんな場合にも許されない。享楽は健康と生命のための手段でなければならない。そしてこのためには自分自身に対して正直であり真剣であることが非常に大切である。禁欲生活といえども、それが諸々の享楽と同じような動機から発したものである限り、何の役にも立たない。或る人が飲酒に際して味わうのと共通した満足感を、他の人が禁欲生活の中で味わう場合もある。そのような禁欲生活が高次の認識のために役立つと考えることはできない。——多くの人は高次の認識への歩みを妨げるように思える事柄をすべて自分の生活環境の所為にして、「こんな生活環境の中にいて、進歩できる筈がない」という。別の目的のためなら、生活環境を変える必要もあるであろう。しかし神秘修行のためには、誰であろうと、このような変化を求める必要はない。修行にとっては、まさに今の環境の中で、可能な限り肉体と魂の健康のために努力することが大切なのである。どんな仕事も人類全体のためにそれを役立たせることができる。人間の魂の偉大さが発揮されるのは、「この仕事は私にはひどすぎる、私には別の仕事が向いている」と信じるときよりも、人類全体のためにそのつまらぬ、おそらくはいやな仕事がどんなに必要なものか、と考えるときの方である。——修行にとって特に重要なのは、完全な霊的健康のための努力である。不健全な心情生活と思考生活はどんな場合にせよ、人を高次の認識への道から遠ざける。明瞭で着実な思考、確かな感性や感情がこの場合の土台である。神秘修行者にとって、空想癖、激昂しやすい性質、神経質、興奮、狂信などの傾向程有害なものはない。生活環境のあらゆる部分に健全な眼差しを向けるべきである。人生の中で自分が今どこにいるのか、どこから来て、どこへ行こうとしているのか、よくわきまえているべきである。いたるところから事物が自分に向って静かに語りかけ働きかけてくる。必要な場合には、何時でも、その要求に従う用意ができていなければならない。誇張や一面性を自分の判断と感情の中から排除しなければならない。この条件が充たされなければ、高次の世界へ参入する代りに、自分自身の主観的な幻想世界の中へ陥る。真理の代りに、勝手な意見が自己を主張するようになる。神秘修行は、興奮したり空想力豊かであったりすることよりも、「冷静」であることによって、その客観性が保たれる。

条件の第二は自分を全体生命の一部分と感じることである。この条件には、多くのことが含まれている。しかし各人はそれを自分流に充たしていけばよい。たとえば私が教育者であったとしよう。或る生徒が私の要求に応じない場合、その生徒に自分の感情をぶつけるのではなく、まず自分自身に向い合う。そして生徒と自分とがひとつであるように感じながら、「この子の不十分な点は私自身の行為の結果なのではないか」と問うべきである。そうなれば、自分の感情をすぐ生徒にぶつける代りに、その生徒が私の要求にもっとよく応えてくれるようになるためには、今後私自身がどういう態度をとったらいいのか、熟考するようになるであろう。このような考え方を育てていくと、次第に人間の思考方法が全体的に変化する。そして些細なことに対しても重要なことに対しても従来とは考え方が異なってくる。たとえば一人の犯罪者に対しても、自分の判断をさし控えて、「私もこの人と同じ人間に過ぎない。ただ環境が与えてくれた教育だけがおそらく彼のような運命を辿ることから私を守ってくれたのだろう」と考えるようになる。もしも私を教育してくれた人たちがその同じ努力を彼のために用いていたとすれば、今犯罪者にされているこの人にも別様の生き方ができたに違いない。彼に与えられなかった何かが私に授けられているということ、私の長所がまさに彼には与えられなかったこの幸運に負っているということ、この点に考えが及ぶ。その時、自分が全人類の単なる一部分ではあるが、そのような部分として、生起する一切の出来事に対する責任をも分有しているのだ、という考え方がもはやそれほど無縁とは思われなくなるであろう。このような考え方を直ちに煽動的な社会行動に転化すべきだというのではない。魂の内奥で、ひそかに、このような考え方を育むことが必要なのである。そうすれば次第にその考え方が人間の外的態度にも刻印づけられる。このようにして、自己改革は各人の内面の問題として、内面の問題としてのみ、始められねばならない。このような考え方からすれば、すべての人間に対して一般的な要求を提出することには何の意味もない。人間はどうあるべきか、ということについて、あまりにも安易な判断が下されている。しかし神秘修行者は社会の表面においてではなく、魂の内奥において判断しなければならない。したがって、もしこのような師の要求を何らかの外的な要求と、それどころか神秘修行とは何の関わりも持ちえぬ政治的な要求と結びつけようとするなら、それはまったく間違った態度と言わねばならない。一般に政治的な煽動家たちは他の人たちに対して何を「要求」したらよいか、よく「わきまえて」いる。しかし自分自身に対する要求を問題にしようとはしない。

神秘修行の第三の条件はこのことと直接関係している。修行者は自分の思考と感情が世界に対して自分の行為と同じ意味を持つ、という立場に立てなければならない。誰かを憎むなら、すでにそれだけで、なぐるのと同じ被害をその人に与えている。このことが認識できるなら、私が自分自身を完成させようとする努力が、私ひとりのためではなく、世界のためでもある、という認識に到るであろう。世界は私の純粋な感情や思考から、私の善行からと同じ利益を受けとるだろう。個人の内面世界の、この世界的意味を信じることができぬ間は、神秘修行者となる資格がない。自分の魂に対して、それが外界の事象と同じ現実的な力を持っているという前提のもとに修行を続けるとき、私は自分の内なる魂が何を意味しているかを、はじめて真に確信できるのである。私は自分の感情が手の働きと同じ効力を持つことを認めざるをえなくなる。

条件の第四は今述べた言葉の中にすでに含まれている。すなわち人間の本質が外観にではなく内部に存するという観点を獲得することである。自分を外界（つまり物質界）の所産に過ぎないと考える人は神秘修行上、進歩することが不可能である。自分を魂的＝霊的な存在であると感じることは、神秘修行の前提である。この前提に立つとき、内的な義務と外的な成功とを区別することがはじめてできるようになる。その一方を直ちに他方によって評価することはできない、ということが認識できるようになる。神秘道を修行する者は外的な諸条件が命じる事柄と、自分自身が正しいと考える事柄との間に立って、中庸の道を見出さねばならない。彼は周囲の世界に対して、その世界が理解し得ないような事柄を要求すべきではないが、そうかといって、この世界が認めることのできるような事柄だけを行おうとする傾向からも自由でなければならない。自分が真実と考える事柄の承認は、認識を求めて戦う自分自身の誠実な魂の声の中にのみ求めねばならない。しかし周囲の世界にとっては何が有益なのかをできるだけ知ることができるために、この周囲の声にも傾聴することができなければならない。このようにして人は神秘学が「精神の天秤」と名づけるものをみずからの内部に作り出す。この天秤の一方の皿には外界の要求に対する「開かれた心」が、もう一方の皿には「内的確信と不退転の持続力」が置かれているのである。

こう述べることで、すでに第五の条件が暗示されている。すなわち一旦決心した事柄は忠実にこれを実行する、ということである。みずから間違った決断を下したと認めるのでない限り、何事も修行者の決意をひるがえさせようとしてはならない。すべて決意はひとつの力である。もしこの力が直ちに成果をあげられなかったとしても、その力は生き続ける。成功する、しないは、欲望から行動するときにしか、意味を持たない。そして欲望から為された一切の行動は、高次の世界にとって価値を持たない。高次の世界にとっては、もっぱら行動に対する愛だけが決定的である。この愛の中にこそ、修行者も、繰り返して一度決意した事柄を行動に移そうと、努力し続けるであろう。そして自分の行動に外的な結果が現れるのを期待するのではなく、行為すること自体に喜びと満足を見出すようになるであろう。修行者は自分の行動が、否、自分の全存在が世界のために捧げられていることを学ぶであろう。世界がこの供犠をどのように受け容れるかは別の問題である。神秘修行者たらんとする者は、このような供犠にみずからを捧げる用意ができていなければならない。

第六の条件は自分に向ってくるすべての事柄に対する感謝の気持を養うことである。自分の存在は全宇宙からの贈り物である。われわれ一人一人がこの世に生を受け、生きながらえることができるためには、どれ程多くの必要条件が充たされねばならないか、どれ程多くのことをわれわれは自然に負い、また他の人々に負っていることか。神秘道を修行する者はこのように考えることができなければならない。このような考え方に沈潜できない人は、高次の認識に到るのに必要な慈悲心（博愛）を自分の中に育てることができない。どんな存在も、私が愛そうとしなければ自分の秘密を私に打ち明けようとはしないであろう。私はそのような打ち明けをすべて感謝をもって受けとる。なぜならそれによって、私は自分をより豊かにすることができるから。

以上に述べたすべての条件は、第七の条件の中で統一されねばならない。人生をこれらの条件にふさわしく形成すること、これが第七の条件である。このような人生態度を通して、修行者は自分の人生のために、ひとつの統一した刻印を与える可能性を作る。個々の言行は互に矛盾することなく、統一される。神秘道を歩みはじめるに際して必要な内的平静のための用意がすでにできているといえる。

以上の諸条件を充たそうとする真剣で誠実な意志が存在するときにのみ、神秘道を修行しようとする決意が生じ、そして師の忠告にも従う心の準備が整う。或る人にとっては師の忠告の多くが外的なもののように思えるかも知れない。そう思う人は、修行がそんなに厳格な形式の中で行われるものとは思わなかった、と言うかも知れない。しかしすべて内なるものは外においても自己を全《まっと》うしなければならない。画家の頭の中にどんなに素晴らしいマドンナ像が生きていたとしても、それだけではまだ絵が存在したことにならないように、神秘修行も外的表出をもたずには存在しえない。外なるものの中に内なるものが表出されねばならぬ、ということを理解しない人だけが、厳格な形式を大事にしようとしないのである。或る事柄の形式ではなく、精神が問題なのだということは正しい。しかし精神不在の形式が無に等しいように、自分の形式を生み出せない精神があるとしたら、それは無力な精神だといわざるをえない。

以上に提示された七つの条件は神秘修行者を力強く育成して、修行がさらに要求してくるにちがいない諸条件にも応えられるようにしてくれる。これらの七つの条件が充たされぬままでいると、どんな新しい要求が現れてきても、修行者は躊躇して立ちどまってしまうであろう。そして人間に対して、修行上必要な信頼をもつことができなくなるであろう。真理を求めようとするなら、その努力は常にこの信頼と真の人間愛との上に築かれねばならないのである。努力そのものがここから発するというのではない。自分の魂の内なる力から発した努力がこの信頼と人間愛の上でいとなまれねばならないというのである。そのようにして、人間愛がさらに、次第に、すべての生物、すべての存在への愛にまで拡大されていかねばならない。上述の諸条件を充たそうとしない人は、建設と創造への純粋な愛をもつこともなく、破壊や破滅を思いとどまらせる意志をもつこともないであろう。神秘修行者は破壊のための破壊を、どんな場合にせよ、行為においても、言葉、感情、思考においても、行ってはならない。生成への喜びを失ってはならない。そこからのみ新たな生命が促進される場合に限って、破壊に手をさしのべることが許される。とはいえ、修行者は不正が蔓延るのをそのまま見過してもかまわないというのではない。しかし彼は不正な事柄にもそれを善き事柄へ転化させうるような契機を見出そうと努めるべきである。悪意に対するもっとも正しい戦い方は善意を実現することにある、ということがますます明瞭に認識されてくる。無からは何も生じえないが、不完全なものはより完全なものに転化されることができる。このことを神秘修行者はますます理解するようになる。創造への傾向を自分の中に育てる者は、不正なものに対して正しい態度をとる能力をもやがて見出すであろう。

神秘道を修行しようとする者は、修行によって建設行為を実現すべきであり、破壊行為に向うことは決して許されない。したがって批判や破壊への意志ではなく、帰依と創造への誠実な意志をもって修行すべきである。敬虔な生き方ができなければならない。なぜなら未知の事柄を学ばねばならないのだから。心を打ち明けてくれるものに対して敬虔な眼差しを向けねばならない。創造活動と敬虔な態度、この二つを尊重することが神秘修行者に求められる基本感情である。修行者はしばしば、修行を続けている間に、自分がこんなに真剣に努力しているのに、少しも進歩していないという思いに悩まされる。それは彼が努力することと敬虔であることの意味を正しく理解しなかったためである。

る。神秘修行の場合、成功せんがために行う努力によって成功することはめったにない。同様に敬虔な態度を伴わぬ学習はもっとも進歩することが少ない。成功への愛ではなく、努力への愛だけが進歩を促す。学ぶ上でどんなに健全な思考と確実な判断を大切にしようとも、そのために懐疑や不信に陥り、その結果敬虔さを見失うようなことがあってはならない。

　何事かを知らされたとき、すぐにそれについて自分の意見を述べようとはせず、静かに、敬虔な態度でそれに対することは、判断の上で奴隷的な態度をとることを意味してはいない。何事かを深く認識している人は、その認識が自分勝手な個人的判断によるのではなく、静かに傾聴し理解した結果であることを知っている。——自分で評価を下すことのできる事柄はあらためて学びとる必要のない事柄である。このことを常に念頭においておく必要がある。それ故もっぱら判断を下してばかりいる人は、そもそも何も学んでいない訳である。しかし神秘道においては、学ぶという行為がすべてなのである。ここではもっぱら学び続けようとする意志が問題なのである。理解できないことに出会ったなら、それに対して否定的な態度をとろうとせずに、むしろ全然判断を停止した方がよい。そして理解を将来に残しておけばよい。——認識の階梯を高く登れば登るほど、この静かで敬虔な傾聴が必要になってくる。霊界における認識行為、それに伴う一切の生活と行動、それは高い領域に到れば到る程、物質界で必要とされる通常の認識行為に較べて、一層微妙となり繊細となる。人間の活動範囲が拡がれば拡がる程、その人の行為の規準は微妙になる。――したがって高次の領域に関しては実にさまざまの「見解」や「観点」が存在する。しかし高次の領域でも真理内容に対しては実際にはただ一つの意見だけしか持ち得ない。このただ一つの意見を持つことができるためには、努力と敬虔な態度を通して、真実を本当に洞察できるようにならなければならない。十分なる準備をせずに、自分勝手な考えや思考習慣などに従って判断する者は、このような真実から外れた見解に行き着かざるを得ない。数学の定理に関してはただ一つの見解しか存在しないように、高次の世界の事物についても同じことがいえる。しかしただ一つの真なる見解に達しうるには、それにふさわしい十分の準備が為されていなければならない。このことをよく考えてみるなら、神秘道の師が求める諸条件は誰にとっても決して思いがけぬような内容を示してはいないであろう。真理内容も高次の生命もすべての人間の魂に内在しているから、各人はそれを自分で見出すことができるし、見出さねばならないが、しかしそれは魂の奥深くに潜んでいるので、さまざまの障害をとりのぞいたあとでなければ、その深層から取り出すことができないのである。どうすればそれが取り出せるのかは神秘学上の経験を積んだ人だけが語りうる。神秘学がこのような助言を与えるとき、何らかの真理や教義を強制したり、告知したりはしない。ただ道を示そうとのみ努める。すべての人はこの道を、しかしおそらく何度も転生を重ねた末に、独力でも見出すことができるであろう。しかし修行によって道を短縮させるなら、その結果、人はより早く、人間の進化と向上を霊的に促進させるために、互に協力して働くことのできる地点にまで達することができる。

以上でさしあたり高次の世界の経験を獲得する上で必要とされる事柄が暗示された。次章ではこの進化の過程で、人間の高次の部分（魂の組織、つまりアストラル体と、霊的部分、つまり思考体）の中に、何が生じるかを述べ、以上の論述をさらに発展させようと思う。それによって本書の記述は新しい光のもとに置かれる。それは記述により深い意味を与えてくれるであろう。

霊界参入が与える諸影響

真の神秘学の原則に従えば、研究者は常に明瞭な意識をもって、研究に従事しなければならない。どんな作用が生じるのかも知らずに、研究や修行を続けるべきではない。神秘道の導師が弟子に助言や指針を与えるときは必ず、それを修行することによって、修行者の体、魂または霊の中に、何が生じるかを説明する。

修行者の魂に生じるいくつかの作用をここに述べておくべきであろう。これから述べる事柄を知るものだけが、明瞭な意識を失わずに超感覚的認識への道を修行できるであろう。そしてそのような場合にのみ、真の神秘修行者たりうるのである。暗中模索は神秘修行にとって決して好ましい状態ではない。眼を見開いて自分の道を歩もうとしない人は、霊媒的な方向に近づく。そうなると、自分を神秘学の意味での見者にすることができなくなる。

この意味で、今まで述べてきた（明瞭な意識を失わずに超感覚的な認識を獲得するための）修行を続けると、いわゆる「魂的組織」（アストラル体）のなかに変化が現れてくる。とはいえ、この魂的組織は見者にしか知覚できない。この組織は、多かれ少なかれ霊的、魂的に光り輝く雲と比較することができ、人間の肉体がその中心に位置している。[註1]この組織のなかに、衝動、欲望、情念、表象などが霊的形姿をとって現れてくる。たとえば肉欲は暗赤色の光を放射する一定の形象として感知される。高貴で純粋な思考内容は赤紫色の光を放射する。論理的な思索が生み出す明確な概念は非常にはっきりと輪郭づけられた黄色い形象として感知される。明晰でない頭脳の混沌とした思考内容は輪郭の定かならぬ形象として現れる。頑迷な一方的見解から生じる思考内容は輪郭が鋭く、動きがない。他人の見解に対して心を開いている人の思考内容は変化する動的な輪郭をもっている、等々である。[註2]

註1　著者の『神智学』の中にこれに関する記述がある。

註2　以下のすべての記述に際して次の点が顧慮されねばならない。たとえば或る色を「見る」という場合に、それは霊視による「直観」を意味している。霊的認識の意味で「赤

い色が見える」という場合、それは「私は、魂的、霊的なもののなかに物質界での赤い色の印象に相当する体験をもつ」という意味である。見霊的認識にとってこのような場合、赤い色を見るという言い方がまったく自然なので、この表現をここでも用いた。この点が明らかでないと、色彩の幻影を真の見霊体験と取り違えることになりかねない。

さて、人間の魂が進化するに従って、その魂的組織そのものも規則的な分節化を得るようになる。魂のいとなみが未発達な人間の場合、この組織はまだ分節化されず、雑然としている。しかしはっきりと分節化されぬ魂的組織といえども、周囲からはっきりと際立った構成体を示している。その構成体の位置は頭の内部から身体の中央部分にまで及んでいる。それは特定の諸器官をもつ一種の独立体として存在している。これらの諸器官のうち、まず最初に取り上げるべきものは以下の身体部分において霊的に知覚される。すなわち両眼の間にある第一の器官、喉頭の近くにある第二の器官、心臓の辺りにある第三の器官、いわゆる鳩尾《みぞおち》の近辺にある第四の器官、さらに下半身にある第五、六の器官である。これらの構成体は、神秘学者によって「輪《チャクラ》」または「蓮華」と呼ばれている。そう呼ばれるのは車輪や水蓮の花に似ているからである。しかしこのような表現が、たとえば左右の肺の部分を「肺葉」と呼ぶ以上の意味を持っていないことは勿論である。明らかに肺葉が「葉」と関係ないように、この場合にも、単なる比喩的表現以上の意味はない。さて、この「蓮華」は霊的に進化していない人間の場合、色が暗く、安定し、動こうとしない。しかし見者の場合、それらは動いており、光り輝く色彩の明暗を示している。霊媒の場合にも、同じようなことがいえるが、その姿には相違が認められる。しかしそれについてこれ以上立ち入るつもりはない。——さて修行者が行を始めると、まずこれらの蓮華は輝き始め、後になると回転し始める。回転し始めると、見霊能力が現れてくる。つまりこれらの「花」は、魂の感覚器官なのである。註 器官の回転は超感覚的な世界で知覚活動が生じたことの表現なのである。どんな人もその人のアストラル体の諸感覚がこのような仕方で形成される以前に、超感覚的なものを観ることはできない。

註 「回転」もしくは「蓮華」そのものの知覚内容に関しても、前の註で色彩に関して述べたことが当てはまる。

喉頭近くにある霊的感覚器官には、他の魂的存在の思考内容の在り方を霊視する能力がある。それはまた自然現象の真の諸法則への深い洞察力をも所有している。――心臓近辺の器官は他の魂の志向の在り方を霊的に認識する。この器官を開発した人は、動、植物の隠された諸力をも認識できる。いわゆる鳩尾近くにある感覚器官は魂の才能や能力を認識する。この器官によって、動物、植物、石、金属、大気などにおける諸現象が大自然のいとなみの中でどのような役割を演じているのか、洞察することができる。喉頭近くの器官は、十六の「蓮弁」または「車輪の輻《や》」をもっている。心臓近辺の器官は十二の、鳩尾近くの器官は十のそれをもっている。

さて、魂の特定の働きはこれらの感覚器官の開発と関連している。したがってそのような魂の働きを特定の仕方で意識的に活用するなら、該当する霊的感覚器官を開発するための修行をしたことになる。十六弁の蓮華のうち、その八枚は太古の時代、すでに開発されていた。当時人間はこの開発のために、自分からは何も行わなかった。太古の人間はそれを自然からの恩恵として、まだ暗い夢幻的な意識状態の中で、受け取ったのである。当時の意識の発展段階の中で、これら八枚の蓮弁は活動していた。しかしこの活動は当時の暗い意識状態に対応したものだった。その後、意識により明るさが加わるにつれて、これらの蓮弁は逆に暗くなり、遂には活動を停止してしまった。今人間は新たに他の八枚の蓮弁を、意識的な修行を通して、開発することができる。それが可能となれば、十六弁の蓮華全体が一様に輝き始め、活性化される。その十六弁のすべてを活性化することによって、特定の能力が生じる。そのためには、すでに触れたように、ただ八弁の蓮華だけを開発すればよい。そうすれば他の八枚はおのずと活性化される。

この十六弁の開発は次のような仕方で為される。日常、不注意に行ってきた魂の特定の働きに対して注意深い態度でのぞむ。魂のこのような働きは八つの種類に分けることができる。第一は表象（意識内容）を獲得する仕方である。通常、人はそれをまったく偶然に任せている。日々さまざまの事柄を見聞きし、それを基にさまざまの概念が作り上げられる。そのような態度で生活している限り、十六弁の蓮華はまったく活動を停止している。これを活動させるには、これに意識的態度でのぞまなくてはならない。この目的のために必要なことは、自分の表象に対する注意力の喚起である。どの表象も彼にとって有意義なものにならなければならない。どの表象の中にも、人は外界の事物についての特定の情報を見出さなければならない。意味のない表象に満足してはならない。自分の所有する概念の働きをすべて自分で統禦し、それが外界の忠実な鏡となるようにしなければならない。歪んだ表象は自分の魂から遠ざけねばならない。――第二の魂の働きはわれわれの決断に係わる。人はどんな些細な問題に際しても、十分考えぬいた、根拠のある観点からのみ、決定を下すべきである。すべて無考えな行動、無意味な行為は自分の魂から遠ざけておかねばならない。すべてに対してよく考えぬかれた根拠を持たねばならない。もし十分な根拠が見出せぬ場合には、思いとどまるべきである。――第三の働きは発言に関係している。意味ある内容だけが神秘修行者の唇から流れてこなければならない。おしゃべりのためのおしゃべりは彼を修行の道から引き離す。思いつきで種々さまざまの話題を思い思いに語り合う通常の会話を神秘修行者は避けなければならない。とはいえ決して周囲の人とのつき合いを断つべきではない。人との交わりの中でこそ、自分の発言を意味あるものにしていかねばならない。どんな人とも語りあう。しかしその時には、すべての点において熟慮した上で発言する。決して根拠なしに語ったりしない。言葉が多すぎもせず、少なすぎもしないように語ろうと試みる。――第四の魂の働きは外的行為に節度を設けることである。神秘修行者は隣人の行動や周囲の出来事と調和するように行動する。誰かの行為の妨げになったり、周囲の生活と矛盾したりする行動は差し控える。周囲の状況や自分の生活環境等の中に自分を調和的に組み入れられるように、行動しようと努める。自分とは別な何かによって行動するように促されるなら、どうしたらもっともよくその促しに応じることができるかを考え、自分から行動する場合には、その行動の結果について考える。——第五の働きは生活全体の在り方に係わる。神秘修行者は自然と精神の法則に従った生活を送る。やたらに急いだり、怠けたりしない。仕事のし過ぎも、投げやりな態度も等しく縁遠いものとなる。人生を努力の手段と見做し、それに応じた態度をとる。健康管理、習慣等に留意し、それによって調和した生活がいとなめるようにする。——第六は自己認識の上に立った行動である。神秘修行者は自分に可能な能力の範囲を確かめ、その上に立って行動する。自分の能力の及ばぬ事柄には手を出さない。しかし自分の能力の及ぶ範囲内の行動は決して中断したりしない。それと同時に、自分の理想や義務と結びついた生活目標を設定する。修行者は自分を歯車のように社会の機構の中にはめこむのではなく、日常的な次元を越えた彼方に存する自分の使命を理解しようと努める。そしてその使命、その義務をますます完全に、ますます立派に果せるよう努める。——彼の魂の働きの第七は人生からできるだけ多くを学ぼうと努力することである。人生に役立ってくれるものは、たとえどんなに些細な事柄でも、無意味に傍らを通り過ぎさせはしない。自分の行為が不完全であったり、間違ったりした場合にも、それは同様の事柄をより正しくより完全に実行できるためのきっかけとなってくれたのである。他人の行動を観察するときも、彼はこのような目標のためにそれを観察する。彼は経験という貴重な財産を少しずつ貯える努力の中で、その経験を絶えず反省の材料にしようと試みる。決断や実行に際して助けとなりうる体験内容を重んじ、これを顧慮せずには何事も行わない。——最後に、第八には、神秘修行者は折にふれて自分の内面へ眼を向けねばならない。自己に沈潜し、自己と語り合い、自分にふさわしい生活信条を確立し、自己を吟味し、経験的な知識に思考の力を浸透させ、諸々の義務について思い巡らし、人生の意義と目的について反省する、等々。すべてこれらについては本書のこれまでの部分ですでに述べてきた。ここでは十六弁の蓮華の開発との関連において、もう一度数え上げてみたに過ぎない。このような修行を通して、この蓮華はますます完全に生長していく。見霊能力の開発は、この修行如何にかかっている。たとえば、考えたり、語ったりする事柄が、外界の諸事象と一致すればする程、この能力は一層速やかに開発される。虚偽の事柄を考えたり、語ったりする者は、十六弁の蓮華を、その芽生えにおいて摘みとる。誠実で、正直で、公正な態度は、促進的に作用し、嘘をついたり、不誠実であったり、欺瞞的であったりすることは、破壊的に作用する。その場合、「良き意図」を持つだけでなく、それを実際行動に移すことが大切である。現実と一致しない事柄を考えたり、語ったりするとき、たとえ主観的には自分が良き意図を持っていると信じていたとしても、修行者の霊的感覚器官の中で何かが破壊される。それはちょうど子どもが無邪気に火を摑もうとして火傷するのに似ている。——以上の魂の働きを修行の対象とすることは、十六弁の蓮華に美しい色彩の輝きを与え、規則的な運動を起させる。——けれども、上に述べた見霊能力は、魂が或る程度まで成長しない限りは、現れることができない。それ故、自分の人生をこのように形成しようと努力している間は、まだこの能力が現れて来ない。以上に述べた魂の働きに注意を向けている間は、まだ成熟した魂とはいえない。日常生活の中で習慣的に行う仕事の場合のように、この魂の働きを生ぜしめるようになったとき、はじめて見霊の最初の痕跡がそこに現れる。そのとき、魂のこの働きはもはや努力の対象ではなく、当然の生活態度となっているに違いない。どのように生きたらよいのか、もはや迷い続ける必要はなくなるであろう。すべてが習慣化されているに違いない。——この十六弁の蓮華を別の仕方で開発しようとする行法も存在する。しかしそのような行法はすべて、真の神秘学を否定している。なぜなら、それによって身体の健康が損われ、道徳の頽廃が生じるからである。そのような行法はここに述べたものよりも実行しやすい。本書の行法は時間がかかり、努力を要する。しかしそれは確実に目標へ導き、道徳的な力を強めてくれる。

蓮華を不健全な仕方で開発すると、或る種の見霊能力が現れても、その能力は主観的な幻想や空想と客観的な霊的体験との相違を区別できないばかりではなく、日常生活を迷いに陥《おとしい》れ、節操を失わせる。そのような場合、修行者は臆病で嫉妬心や虚栄心の強い人、あるいは高慢で我儘な人などになりやすい。このような悪しき性質がそれまで見出されなかったような人々の場合にもである。――十六枚の蓮弁のうちの八枚は、すでに太古の時代に開発されており、修行に際してそれらが自然にふたたび活性化されるということはすでに述べた。修行者の努力は、したがって他の八枚の蓮弁の開発に向けられねばならない。行法が間違った形式をとる場合、太古の時代に開発された部分だけが活性化されて現れ、新しく形成されるべき八枚は凋んだままの状態におかれる。論理的思考や理性的態度に対してあまりにも無関心な行法の場合に、このようなことが生じる。神秘修行者が明晰な思考を大切にすること、話の通じ合える人物であることは、あらゆることに先立つ重要な条件である。したがって会話においてできる限り明瞭に話そうとする努力は非常に重要である。一方、超感覚的世界を予感し始めたとき、人は好んでそれについて語りたがる。けれどもそのことによって人は進歩を妨げられる。そのような場合は語ることが少なければ少ない程良い。霊的な問題に関しては、ある程度まで明瞭な認識を獲得できたときにはじめて語るべきなのである。――はじめて伝授を受けた人は、自分の体験内容をいくら打ち明けても、霊的修行を積んだ人があまりにわずかしかそのことに「好奇心」を示さないのに驚くのが普通である。事実、修行者にとってもっとも望ましい態度は、自分の体験内容についてまったく沈黙し、修行がどの位うまくいっているか、どんな失敗をしたかについて、何も語ろうとしないことである。なぜならすでに行を積んだ人は、初心者が自分について語るのとはまったく別のところからその進歩の状態を評価する材料を得ているからである。十六枚の蓮弁のうち、問題の八枚は、修行者自身がそれを口外することによって、ますます硬化してしまう。しかしそれらはしなやかな状態に保たれねばならない。このことを説明するために、ひとつの例をここであげておこう。事柄の本質を具体的に把握するためには、例を超感覚的生活よりも、日常生活からとるべきであろう。私が或る知らせを受け、すぐそれについて或る判断を下したとしよう。しかしすぐそのあとで、さらにその事柄についてはじめの知らせと矛盾する通知を受けた場合、それによって私はすでに下した判断を変えざるをえない。このような場合、十六弁の蓮華に良くない影響が現れる。もし私がはじめ、自分の判断を差し控えて、その事柄全体について、心の中でも、外に向ってもまったく確実な判断の根拠が得られるまで「沈黙」を続けたとすれば、この蓮華はまったく別の作用を受ける。心の中で判断を下すにしろ、それを口に出すにしろ、慎重であることが神秘修行者の特徴の一つになる。これと共に、できるだけ多くの判断材料を集めようとする態度が育ってくる。そしてこれまで黙って自分の傍らを通り過ぎるにまかせてきた諸印象、諸経験に対する感受性が高まっていく。この「慎重な態度」によって、蓮弁に青みがかった赤、もしくは薔薇色の色調が現れる。この態度が欠けている場合には、暗赤色、もしくは橙色の色調が現れる。心臓近辺にある十二弁の蓮華もまた、十六弁の蓮華と同じような仕方で育成される。[註] この場合にも蓮弁の半分は太古の時代、すでに活性化され、活動していた。したがってこれらの六弁が神秘修行によって育成される必要は特にない。それらは他の六弁が活性化される時、おのずと現出し、回転しはじめる。――この場合にも、魂の働きに対して、意識的に特定の方向づけを与えねばならない。

註　「十六弁の蓮華」の開発条件である、以上の行法は、仏陀が弟子達の修行の「道」として教えた「八正道」と同一内容を扱っている。とはいえこれによって特に「仏教」を宣教しようとしているのではなく、霊学そのものが必要とする修行の条件が述べられているのである。仏陀の教えと一致していることが、教えそのものの真実を否定する根拠にはなり得ない。

さて人はそれぞれの霊魂感覚が与える知覚内容に相違があることをよくわきまえておかねばならない。十二弁の蓮華は十六弁の蓮華と異なる知覚内容を伝える。後者は形姿を知覚させる。思考の種類、自然の諸法則が、十六弁の蓮華を通して、形姿となって知覚される。この形姿は固定した不動の形姿ではなく、生命に充ちた動的な形姿なのである。この感覚を開発すると、どんな思考の種類、どんな自然の法則に対しても、それらの表現形式を指摘することができるようになる。たとえば復讐心は矢のように尖ったぎざぎざの形をまとい、好意はしばしば開いた花の姿をとっている。明瞭で豊かな思考内容は規則的で均整のとれた姿をしており、曖昧な概念は縮れた輪郭をもっている等々である。——十二弁の蓮華を通して現れてくるものは、これとはまったく異なる知覚内容である。その内容は魂の暖かさと冷たさという言葉で類比的に特徴づけられる。この知覚能力を獲得した見霊者は、十六弁の蓮華によって知覚される形姿からも、このような魂の暖かさ、冷たさが流れてくるのを感じる。人は次のように考えてみる必要がある。見霊者が十六弁の蓮華だけを開発して、十二弁の蓮華を未発達の状態にしておいたとしよう。そうすると好意ある想念に対して、もっぱら前述の形姿だけを見ることになろう。もし両方の蓮華を共に開発できたなら、魂の暖かさとしか呼ぶことができぬような想念の流れにも気づく。——ただし神秘修行において、ひとつの感覚だけが他の感覚と無関係に開発されることは決してない。したがって今述べたことは事柄を明らかにするための仮の例と見做されねばならない。——十二弁の蓮華が開発されると、自然のいとなみに対しても、深い理解が育ってくる。生長と発育に係わる一切の事柄からは魂の暖かさが流れ出ており、衰微、破滅、没落に係わるすべての事柄は魂の冷たさを伴って現れる。

この感覚を育成するには次のような諸修行が必要である。第一の修行は思考の制御（いわゆる思考内容のコントロール）である。十六弁の蓮華が正しい有意義な思考内容をもつことを通して開発されるように、十二弁の蓮華は思考の流れを内的に支配することを通して開発される。筋の通った論理的思考ではなく、恣意的な仕方で勝手に現れてくる鬼火のような思考のいとなみは、この蓮華の形成を害う。ひとつの思考内容が他の思考内容から論理的に展開されることによって非論理的な結びつきが排除されるようになればなる程、この感覚器官はより完全な形体を獲得するようになる。非論理的な思考過程に出会うとき、直ちに正しい論理関係が念頭に浮ぶように修行する。とはいえ自分の思考力を促進するために、おそらくは非論理的な周囲の人々を冷淡に見下すようなことがあってはならない。周囲に認められる非論理的な態度に対して、直ちにそれを矯正しようとする衝動が必要なのでもない。むしろ外からくるさまざまな想念に対して、静かに自分の心の内部において、論理的な、そして有意味な方向づけを与えるべきなのである。自分自身の生み出す想念に対しても、常にこの方向づけを行う努力が必要である。――第二の修行は自分の行為に対しても、同じ論理的一貫性を与えることである（行動のコントロール）。行動における不安定で不調和な態度はこの蓮華を害う。何事かを行った時、そのすぐあとに続く行為がこの行為に対して論理的に一貫した関連を持つようでなければならない。昨日の行為と今日の行為とがまったく相違した性質を示しているような場合、今問題とされる感覚は決して育成されないであろう。――第三の修行は持続力の強化である。修行者は自分が正しいと考える目標から、あれこれの影響によって、自分を遠ざけるべきではない。障害はそれを克服せよという要求ではあっても、不実行の原因になってはならない。——第四は人間に対する、他の生物や事物に対する忍耐（寛容）の行である。修行者は不完全なもの、邪悪なもの、不正なものに対して、不必要な批判をしない。彼のところに近づいてくるすべてのものをむしろ理解しようとする。太陽が不正なものや邪悪なものにも等しく光を投げかけるように、神秘修行者はどんなものに対しても、等しくその理解力を向けなければならない。もし彼が何か不快な事柄に出会ったなら、それに対して否定的な判断を下すのでなく、そこに含まれた必然的な部分を受け容れ、力の及ぶ限り事柄を良い方向に変えようと努める。異なる意見に対しては、自分の立場からそれを考察するだけではなく、相手の立場に立って考えようと努める。——第五の修行は生活上のすべての出来事に対して、とらわれぬ態度をとることである。これは「信用」もしくは「信頼」の行であるともいえる。修行者はどんな人間やどんな存在に対しても、信頼をもって向い合い、信頼に基づいて行動する。何かの情報が彼に伝えられたとき、「そんなことは信じられない」、「それは理屈に合わない」とは決して考えず、むしろどんな瞬間にも、自分の見解を新しい経験に即して吟味し、矯正するよう心掛ける。そして自分のところに向ってくるすべてに対して常に心を開き、自分の行為に対してもその有効性を信じる。懐疑や逡巡はすべて自分の生き方から排除する。何かを意図したときは、その意図の力を信じる。何百回失敗を繰り返しても、この信念を失わない。このような態度こそ、あの「山をも動かすことのできる信仰」に他ならない。――第六は人生の均衡（平心）の獲得である。どんな苦しみや喜びに際しても、平静な気分を維持しつづけようと努める。「天に昇るほどの歓喜と、死ぬほどの絶望」（ゲーテの『ファウスト』）の間を動揺する習慣を捨てる。不幸や危険に対しても、幸運や成功に対すると同様に心の準備ができていなければならない。

霊学は、今述べた事柄をいわゆる「六つの行」と名づけている。霊界に参入しようと努める者は、これを修行しなければならない。本章では十二弁の蓮華との関連において、この六つの魂の特性を語ったのである。――この蓮華を開花させるための特殊な行法も存在する。しかしいずれの場合にも、感覚器官が規則正しく形成されるかどうかは、この六つの魂の特性の開発如何にかかっている。この点がいい加減にされると、この器官は歪んだ形で形成され、その結果、魂の特性は善に向う代りに、悪に向う危険に晒される。そして周囲の環境に対して苛立ちやすく、不寛容になり、他人の魂の要求に対して敏感になるあまり、それを無視したり、憎んだりする。そして最後には自分の気に入らぬ考え方や感じ方に出会うと、心が冷え、そのため相手の言うことに耳を傾けることができず、不愉快な態度に終始してしまう。

以上に述べた内容に、さらに口伝によってのみ師から弟子に伝授される特定の行法が結びつけられるなら、蓮華の開花はさらに促進される。けれども本章に述べた行法はどんな場合にも真の神秘修行へ人を導く。しかも神秘修行に徹しようと思わぬ人、あるいは思ってもできない人にとっても、この行法は人生を益するところが多い。なぜならそれは、長い時間がかかるにせよ、魂の組織に必ず良い影響を及ぼすからである。神秘道を修行する者にとってこれらの原則を守ることが不可欠なのは当然である。――これらの原則を厳守しようとすることなしに、神秘修行を志す人は、不完全な認識眼をもって霊界に参入することになり、真実を認識する代りに、幻想、幻覚に捉えられる。その場合にも或る種の見者であるといえるであろうが、しかし実際は以前よりもっとひどい盲目状態に陥っている。なぜなら、少なくとも以前の彼は感覚世界の中にしっかりと立ち、その中で確かな拠り所を見出してきた。しかし今の彼は中途半端に感覚世界を突き抜けてしまい、超感覚的世界に拠り所を見出すどころではなく、感覚世界そのもののことも分らなくなってしまっているからである。そうなってしまうとそもそも何が真実で、何が虚偽であるかを区別することもできず、人生の方位感覚を一切失ってしまうことになる。——まさにこの理由から、神秘修行においては忍耐が特別重要な意味を持ってくる。「蓮華」を規則正しく開花させようとする意志を忍耐強く保持し続ける人以外には、霊学の行的側面の伝授は決して許されない。人はこの点を常に考えねばならない。ゆっくりと、ふさわしい形式を獲得するに到る以前に開花させられてしまう蓮華はまさに戯画でしかなくなってしまう。なぜなら霊学の特殊な行法は蓮華を開花させはするが、しかしその花の正しい姿は以上に述べた生き方によってのみ生み出されうるからである。

十弁の蓮華を開花させるのに必要な行は特に繊細であり、微妙である。この場合には感覚的印象そのものが意識的に支配できなければならない。見霊能力が現れ始めた時点で、この行法は特別重要な意味をもつ。この行を通してのみ、人は無数の幻想を生み出す霊的恣意の源泉を制禦することができる。通常、人は自分の着想や記憶像がどのような過程を通して生み出されるのか、それを規定するものが何か、これらの事柄について全然理解を持っていない。次のような場合を想定してみよう。誰かが列車に乗る。彼は或る問題に頭を悩ましている。突然彼の思考はまったく別の方向に向う。彼は数年前の或る体験を思い出し、それをたった今抱いていた想念と結びつける。しかしその際彼は窓から眺めた光景の中に、かつての体験の中で重要な役割を演じた或る人物と似通った姿を認めたことに全然気づかなかったのである。窓から眺めた人の姿を彼はまったく意識せず、ただその連想結果だけが意識に残った。したがって彼はその体験を「自然に思い出した」のだと信じる。どんなに多くの場合に、このような「着想」が、それとは知らずに、われわれの生活に作用していることか。その関連を意識することなく、かつて経験したり読書したりした事柄が、どれ程われわれの生活に作用していることか。たとえば或る人にとって特定の色彩が耐え難いものだったとしよう。なぜそうなのか、彼は自分では意識できなかったが、昔彼を苦しめた教師がその色の上着を着ていたことがその理由だった。無数の錯覚がこのような関連の下に現れてくる。多くの事柄が意識化されることなくわれわれの魂に働きかける。その結果次のような場合も生じてくる。誰かが新聞で、或る著名人の死を知る。その時彼は確信を持って、自分がこの死をすでに「昨日」予感していた、しかしこの予感を起させるような事柄を聞きもしなかったし、見もしなかった、と主張したとしよう。「昨日」その人物が死ぬであろうという考えが「おのずから」彼の心中に立ち現れたことは真実である。ただ一つの些細な事柄に彼は気づかなかった。彼は昨日、そのような考えが念頭に浮ぶ数時間前に、或る人を訪問した。その家のテーブルの上に、新聞が置いてあった。彼はそれを読まなかったが、彼の眼は無意識に当の人物が重い病気にかかっているという記事を見ていた。その印象が意識にはのぼらなかったにせよ、彼の「予感」はこのことの結果だったのである。――以上の事柄をよく考えるなら、このような場合に幻想や空想への流出口がどこにあるか、理解できるであろう。十弁の蓮華を開花させようとする者は、この流出口を塞がねばならない。なぜなら心の深層に隠された魂の特性をこの蓮華は知覚させてくれるが、しかし右に述べた幻想や空想からまったく自由になった時はじめて、この知覚は真実を体験させてくれるからである。このためには外界から働きかけてくる印象を自由に支配できるようにならなければいけない。受け取りたくない印象は、受け取らずに済ませられるようにならねばならない。このような能力は集中した内面生活を通してのみ獲得される。注意を向けるにふさわしい事柄のみを自分に作用させ、そして受け容れたくない印象からは本当に自由でいられるように、意志を鍛えねばならない。魂の力が強くなり、活発になればなるほど、人はますますこの能力を獲得するようになる。――したがって神秘修行者は無考えにあれこれと見聞きするような態度をやめねばならない。彼にとっては、自分で見聞きしようと望んだものだけが、そこに存在すべきなのである。何も聞こうとしなければ、どんな騒音の真只中にいても、何も聞こえて来なくなるように、意志を鍛えねばならない。特に見るつもりがなければ、眼が何も感じ取らないで済むようにならねばならない。無意識的に受け取るすべての印象に対して、魂は武装していなければならない。――特に思考生活そのものに対して、このような方向で注意力を強める努力をしなければならない。或る事柄を考える場合、まったく意識的に、しかもとらわれることなく、この思考内容に結びつけるべき事柄だけを、さらに考え続けようと試みる。勝手気儘な思いつきを退け、別の思考内容がこの思考内容と結びついた場合には、いつどこでこの結びつきが生じたのかを、注意深く反省する。――この態度はもっと先まで進む。たとえば何らかの事柄に対して反感を抱くような場合、修行者はこの反感をまず克服して、事柄に対する意識的な関係を作り出すように努める。そして無意識的な要素が魂のいとなみの中にできるだけ入り込めなくする。このような厳しい自己訓練を通してのみ、十弁の蓮華は正しい形姿を獲得する。魂のいとなみの中で、集中力がますます重要な地位を占める。そして注意力を行使する必要のない場合、本当に何の印象も受けないですむようにならねばならない。――霊学の行法が教える瞑想《メディテーション》がこのような自己訓練に結びつくと、鳩尾の辺りに位置する蓮華が、正しい仕方で開花する。そしてこれまでに述べた二つの霊的感覚器官にとって形姿と熱であった対象が、霊的な光と色とを示すようになる。その結果、たとえば他人の魂の才能や能力、自然の隠された特性や力がみずからを明らかに現すようになる。生物の色彩豊かなオーラがこれによって見えるようになる。こうしてわれわれの周囲の事物がそれぞれ自分のアストラル的な特性について語ることができるようになる。――修行はまさにこの段階で、可能な限りの配慮が必要になってくる。なぜなら意識の統制を免れた記憶の戯れがこの時点で限りなく活発になってくるからである。もしそのようなことがなければ、多くの人間が今すぐにも霊的感覚を所有することになるであろう。外的感覚の印象を本当に完全に支配し、その印象を注意力が自由に処理できるようになれば、この霊的感覚は立ちどころに現れてくる筈なのである。外的感覚の力が魂の感覚を抑圧し、窒息させている。この抑圧が除かれぬ限り、魂の感覚は有効な働きをすることができない。

腹部に存在する六弁の蓮華を開花させることは、以上に述べてきた蓮華の場合よりも、もっと困難である。なぜなら六弁の蓮華を開花させるためには、まったく意識的に自己の存在全体を完全に支配できるように努めねばならず、したがって霊と魂と体が完全な調和の状態におかれねばならぬからである。体の在り方、魂の欲求や情熱、霊の理念や思考が相互に完全に一致しなければならない。体は高貴で純粋なものとなり、その諸器官は魂と霊の役に立つためにのみ機能し、魂も高貴で純粋な思考に矛盾する欲望や情熱に駆り立てられてはならない。一方霊も奴隷の監督のように魂に規則や義務ばかり押しつけるのではなく、魂が自分自身の自由な要求から義務や命令に従うようにさせるべきなのである。その義務も好ましからざる命令のように神秘修行者の上にのしかかるのではなく、それを果すことが喜びであるような事柄でなければならない。官能性と霊性の間に均衡状態を保つ自由な魂を、神秘修行者は育てねばならない。安んじて自分の官能に身を任せることができる程までに、それを純化し、それが自分を堕落させる力をもはや持ち得ぬようにしなければならない。情熱もまた、それがおのずと正しい事柄に従う故に、もはやわざわざ制禦する必要がなくなるようにする。自分の情欲を抑圧する必要がある間は、神秘修行者として、まだしかるべき段階に来ているとはいえない。強制の対象にせざるを得ないような道徳は神秘修行にとってまだ何の値打ちもない。或る欲望がまだ生きている間は、たとえそれを制禦しようといくら努力しても、その欲望によって修行の道が妨げられている。この欲望が肉体に由来するものか、魂に由来するものか、どちらでも変りはない。たとえばもし誰かが享楽を退けることによってみずからを純化するために、自分の愛好する嗜好品を遠ざけたとしよう。その場合、この節制を通して肉体にどんな負担をも感じない限りにおいてのみ、このことは役に立つ。もし負担を感じたとすれば、肉体はその嗜好品を求めているのであるから、この節制は何の価値もない。このような場合はその努力目標を一度あきらめ、もっと感覚的に恵まれた状況が――多分次の人生においてはじめて――彼に与えられるまで、待たねばならない。或る場合、筋の通ったあきらめは、今の境遇では達成不可能な事柄を達成しようと努力することよりも、はるかに大きな成果を生み出し、魂の進化をより一層促進する。

六弁の蓮華が開花した時、超感覚的世界の存在と交わりを持つようになる。とはいえそれは、これらの存在が魂界の中でみずからを開示してくれる時に限られる。修行者が自分の霊そのものを高める修行を深く積む以前に、この蓮華を開花させることは決して好ましいことではない。本来の霊界への参入には常に他の諸蓮華の開花がこれに伴わねばならない。そうでないと修行者は見ることができても、見たものを正しく解釈することができないから、不安と混乱に陥るであろう。――さて六弁の蓮華の開花のために必要な以上の行法の中には、このような混乱と不安に対する或る種の保証がすでに含まれている。なぜなら感覚（体）、情念（魂）、および理念（霊）の間の完全な均衡を獲得することができれば、めったなことでは混乱や不安に陥る筈がないからである。とはいえ、もし六弁の蓮華の開花を通して、物質界とはまったく異なった世界の存在、しかも生命と独立性をもった存在が知覚されるようになると、このような保証だけでは決して十分とはいえなくなる。このような世界で確かな基盤を得るためには、蓮華を開花させるだけでは不十分であり、より高次の諸器官を使用することができなければならない。そこでこのようなもっと高次な諸器官の開発について語る必要が生じる。したがってこれから、魂体（アストラル体）の以上とは異なる諸蓮華およびそれ以外の組織について語ることになろう。註

註　「魂体」のような表現（その他これに類した霊学上の表現）を文字通り解すれば、そこに矛盾が含まれていることは、当然である。しかし物質の中に形体を知覚するのと同じように、霊の中に形体を見霊的認識が知覚する故に、あえてこの表現を使用するのである。

＊

これまで述べてきたアストラル体の開発は、超感覚的現象を知覚する能力を人間に与える。しかし超感覚的世界の中で真に正しい見通しを得ようとすれば、この段階に立ち止まる訳にはいかない。他の諸蓮華をただ活動させるだけでは不十分である。人は自分の霊的諸器官の活動を自分でまったく意識的に制禦し、支配することができなければならない。そうでないと外から働きかけてくる諸力に翻弄されてしまうであろう。そうならぬためにはいわゆる「内なる言葉」を聴く能力を身につけねばならない。そのためにはアストラル体だけではなく、エーテル体もまた開発されねばならない。エーテル体とは、見霊者の前に肉体の一種のドッペルゲンガーとして現れるところの霊妙な体のことである。それは肉体とアストラル体との中間の段階にある。[註1]見霊能力を持つ人は、意識を完全に保ちながら、自己暗示的に目の前にいる人の肉体を消し去ることができる。これは低次の行的段階における集中力の高次の在り方に他ならない。眼前の事物から注意力をそらせば、彼の意識にとってその存在が消えてしまうように、見者は眼前の物体を知覚からまったく消し去ることによって、その物体を物質的にまったく透明化することができる。彼が眼前の人間に対してこの態度をとるとき、彼の霊眼に、いわゆるエーテル体が、そしてさらにまたそれよりもはるかにひろい範囲にわたって拡がりながら、肉体とエーテル体に浸透しているアストラル体が見えてくる。エーテル体はほぼ肉体と同じ輪郭と大きさを持ち、ほぼ肉体が占めるのと同じ空間に位置している。それは極度に繊細で微妙な有機的組織である。[註2] エーテル体の基本色は虹の七色には含まれぬ色である。それは感覚的には全然存在しない色であり、咲き始めた桃の花の色に比較できるであろう。もしエーテル体だけを観察しようとするなら、今述べたような注意力の訓練を通して、アストラル体をも視野から消し去らねばならない。そうでないときのエーテル体は、その全体に浸透しているアストラル体によって、たえず変化させられている。

註1 著者の『神智学』の記述を参照せよ。

註2 「エーテル体」という表現に驚かないようにお願いしたい。「エーテル」という言葉はここではもっぱら問題となる構成体の微妙な性質を暗示するだけに用いられている。物理学上の仮説として用いられてきた「エーテル」という概念に関連づける必要はまったくない。

さて、人間のエーテル体の各部分はたえず活動している。無数の流れがエーテル体をあらゆる方向へ導いている。人体はこのような流れを通して、その生命活動を保持し、制禦しているのである。すべての生物はこのようなエーテル体を持っている。植物、動物もエーテル体を持っている。それどころか鉱物にも、注意深く観察すれば、エーテル体の痕跡が認められる。——右に述べた流れや動きは、普通、人間の意識や意志にとってはまったく不随意である。肉体の心臓や胃袋の活動が不随意であるのと同様に。——超感覚的能力を獲得するために、エーテル体の開発が為されるまで、この不随意な状態は存続する。そしてエーテル体のこの不随意な流れや動きに、意識的に左右できる流れや動きをつけ加えることこそ、ここで問題にしようとする段階での霊的行法の課題なのである。

前章に述べた諸蓮華が動き始めるところまで修行を積んだ者は、エーテル体の中に特定の流れや動きを喚び起すことがすでに或る程度までできるようになっている。ここで必要なのは、心臓の部分に一種の中心点を作り、そこから霊的に多彩な色や形を持つ流れや動きが出てくるようにすることである。この中心点は実際には点ではなく、非常に複雑な構造を持った組織であり、驚くべき器官である。それは霊的にありとあらゆる色彩を示しながら輝き、そしてその規則的な形態は急速に変化することができる。そしてこの器官から身体の諸部分へ、さらには身体の及ぶ範囲を越えたところにまで、色と形の流れが拡がる。それらはアストラル体全体を貫き、アストラル体を輝き出させている。この流れのもっとも重要な諸部分は他の諸蓮華の中にまで浸透している。それらは蓮華の個々の蓮弁を貫き、その回転を制禦している。さらにそれらは蓮弁の先端から外へ流れ出て、空間の中に消えている。人間がより進化すればする程、これらの流れの及ぶ範囲は大きくなる。

特にこの中心点と密接な関係があるのは十二弁の蓮華である。さまざまの流れはまずこの蓮華の中に入り、次いでそこから、一方では十六弁の蓮華と二弁の蓮華のところへ、他方では十弁、六弁、四弁の蓮華のところにまで降りていく。この配合を考えると、なぜ十二弁の蓮華の開花に修行者が特別の注意を払うのかが分ってくる。もしこの部分に欠陥が生じるなら、諸蓮華相互の構造全体が不自然な仕方で形成されてしまうであろう。——以上の点を考えれば、神秘修行がどんなに繊細で微妙な在り方を必要とするか、能力全体を正常に育成するために、修行の過程がどれ程正確に進められねばならないか、理解できるであろう。超感覚的能力を開発しようとする人に対しては、すべて自分で経験した行法だけを、しかも自分の与える行法がまったく正しい結果に導くか否か、完全に認識できる人だけが、語ることを許される、ということもこの点から見て当然であろう。

神秘道を修行していくと、人間世界の進化と法則に対して調和的な在り方を示す流れや動きを自分のエーテル体にもたらすようになる。行法は常に世界進化の偉大な法則の模像であるように考えられている。前にふれた瞑想《メディテーション》と集中《コンセントレーション》はまさにそのような行であり、これが正しく実践されるなら、今述べたような結果をもたらしてくれるであろう。神秘修行者は、一日の中の特定の時間を選び、その短い時間の間、魂の中に行の内容を集中的に浸透させ、いわば内部を完全にその内容で充満させなければならない。まず単純な内容から始める。知的な思考力を深化し、内面化するのに特にふさわしい内容が選ばれる。思考はこのことによって、一切の感覚的な印象や経験から自由になり、独立するようになる。いわば思考は修行者自身の手が完全に掌握する一点に集中させられる。このことによってひとつの暫定的な中心点がエーテル体の流れのために作られる。この中心点は最初はまだ心臓部にではなく、頭部にある。見霊者はこの部分にエーテル体の流れの出発点をみるであろう。――はじめにこのような中心点を作る行法だけに、完全な成功が期待できる。もしはじめから中心点を心臓部におくなら、見霊能力を得たばかりの修行者は霊界を瞥見することができるであろうが、霊界と感覚的世界の関係について正しい洞察を得ることはできないであろう。そしてこの洞察こそ、人類の意識の進化における今日の段階を生きる者にとって、無条件に必要とされる事柄である。見霊者は夢想家となることは許されない。足をしっかりと大地の上に置かねばならない。頭部に作られたこの中心点がふさわしい確かさを獲得したなら、それはもっと下方に、つまり喉頭部の辺りに移される。このことは集中の行をさらに続けることによって達成される。その場合エーテル体の流れはこの部分から輝き出る。その流れは人間の周囲の魂的空間を照らし出す。

行がさらに進むと、修行者は、エーテル体の在り方そのものを規定することができるようになる。それまでこの在り方は外界から来る諸力と肉体に由来する諸力とに依存していた。しかしこの行によって、修行者はエーテル体をあらゆる方向へ向けることができるようになる。この能力を可能にする流れは、ほぼ両手に沿って進む流れであり、両眼の間にある二弁の蓮華にその中心点を持つ流れである。このことはすべて喉頭部の中心点から出てくる流れが丸い形を作ることによって実現される。これらの丸い形をした流れの特定数が、二弁の蓮華に到り、そこから波状をなして両手に沿った道をとって流れるのである。——喉頭部からの流れの別の結果は次のような仕方で現れてくる。すなわちこの流れがこの上なく繊細で複雑な枝に分れ、遂にはエーテル体全体を取り巻く網のような一種の織物に変る。これまでエーテル体は外からはっきり区別された周辺を持っておらず、人体の生命の流れは直接広大な宇宙生命の海へ流れ出たり、そこから流れ込んだりしていた。今や外界からの諸作用はこの一種の膜を通り抜けねばならない。その結果修行者は外からのエーテルの流れに対する鋭い感受性を獲得する。この流れが知覚可能になるのである。——今や流動するエーテル体組織全体の中心点が心臓部に移されるようになる。これはふたたび集中と瞑想の行によって可能になる。これと共にいわゆる「内なる言葉」を理解しうる段階に到る。事物の本質が修行者に語りかける。一切の事物の内奥の本質が霊的に聴こえてくる。一切の事物が新しい意味を持つ。前述した流れが修行者を世界の内的本性に結びつけるのである。修行者は周囲の世界の生命といとなみを共にしはじめ、この生命のいとなみを彼の諸蓮華の活動の中に反響させることができるようになる。

これと共に修行者は霊界へ参入する。ここまで進歩した修行者は、人類の偉大な導師が語る言葉に新しい理解を持つようになる。たとえば仏陀の言葉や福音書が今新しい仕方で彼に働きかける。それらの言葉はこれまで予感もしなかった浄福感で彼を充たす。なぜならそれらの言葉の響きは、彼が自分の中に形成できたエーテル体の動きとリズムに従っているから。仏陀や福音史家のような人物は彼ら自身の啓示ではなく、事物の内奥の本質からの啓示を語っている。このことが直接経験できるようになる。――このことと関連して、ここで次の事実に読者の注意を促しておきたい。それはこれまで述べてきたことからのみ理解できる事柄である。現代文化の中に生きる人は仏陀の言葉に見られる多くの繰り返しを正しく理解できない。しかし修行者にとってこの繰り返しは、自分の内的感覚が好んでその上に憩うことのできる場所になる。それがエーテル体における特定のリズミカルな動きに対応していることが分るようになる。完全な内的平静の中でこの繰り返しに沈潜すると、エーテル体がこの動きに同調するようになる。この言葉のリズムは特定の宇宙的リズムの模像である。宇宙的リズムもまた、特定の仕方で繰り返され、規則的に以前の部分に回帰している。それ故仏陀の言葉に耳を傾ける時、人間はそのリズムを通しても、宇宙の秘密に参入することができるのである霊学は高次の認識に到るための、いわゆる試煉の途上で獲得されねばならぬ四つの徳性について語っている。第一の徳性は思考内容に関して、真相を仮象から、真理を個人的見解から区別する能力である。第二の徳性は現象にとらわれず、真なるものを正当に評価することである。第三の能力は前章に述べた六つの徳性、すなわち思考のコントロール、行為のコントロール、持続、忍耐、信念および平心の育成である。第四は内的自由への愛である。

これらの徳性の中に含まれている事柄をただ頭で理解するだけでは何の役にも立たない。それらは魂の習慣になるまでに体得されねばならない。第一の徳性を例にとろう。真相を仮象から区別することである。修行者は自分に向ってくるどのような事柄に対しても、非本質的な部分と重要な部分とを当然のこととして区別できるように、自己を訓練しなければならない。まったく平静な態度で、かつ忍耐強く、そのような意味で外界に観察の眼を向ける。しかも、繰り返して何度でもこの試みを続けることが肝要である。最後には極く自然に、非本質的な部分で満足していたこれまでの自分がそうであったのと同じ自明さをもって、真なるものに結びつくようになる。「すべて無常なものは比喩に過ぎない」。この真理が魂にとって自明の確信となる。このような仕方で、四つの徳性のそれぞれを、修行すべきなのである。

さてこの四つの徳性が魂の習慣にまでなると、その影響の下に、修行者の微妙なエーテル体に実際変化が生じてくる。第一の徳性である「真相を仮象から区別すること」によって、すでに述べた中心点が頭の中に作られ、そして喉頭部のそれが準備される。喉頭部に中心点が実際に形成されるためには、勿論集中の行が必要である。集中の行が形成する。そして四つの徳性の習慣化がそれを成熟させるのである。――中心点が喉頭部の辺りに準備されると、すでに触れたようにエーテル体は自由に制禦され、網膜組織で覆われ、境界づけられるようになる。このことは、第二の徳性である「現象にとらわれず、真なるものを正当に評価すること」によって実現される。このような評価ができるようになると、次第に霊的な諸事実が見えてくる。とはいえ、悟性の眼からみて意味があると思えるような行為だけを実行しなければならぬ、と信じる必要はない。どんな目立たぬ行為にも、宇宙全体のいとなみの中では、何がしかの意味がある。この意味を意識することが大切なのである。日常生活の個々の仕事を軽視するのではなく、それを正当に評価することが大事なのである。――第三の徳性と結びついた六つの行についてはすでに述べた。それらは心臓部における十二弁の蓮華の育成と関連している。エーテル体の生命の流れは、前に述べたように、実際にこの蓮華の位置する方向へ導かれねばならない。最後に第四の徳性である解脱の要求は心臓近辺のエーテル器官を成熟させるのに役立つ。この徳性が魂の習慣になると、修行者は自分の個人的な諸能力だけに関連した一切のものから自由になる。彼は事物を自分の特別な立場から観察しようとはしなくなる。自分を狭い個人的な立場に拘束する枠が消える。隠された霊界の内実から彼の内部へ通路が掛けられる。これこそが解脱の意味である。これまではこの拘束によって、個人的な狭い範囲の中で事物や存在を観察するように強制されてきた。そのような拘束から修行者は自由でなければならない。

霊学の与える行法は人間本性のもっとも内奥の部分にまで深く作用する。そして四つの徳性についての以上の記述もそのような行法を教えている。行法はさまざまな形式をとってはいるが、霊的観点に立つすべての世界観の中に、それを見出すことができる。そのような世界観の創始者たちは、暗い感情に促されて、このような行法を教えたのではなかった。彼らは、偉大な霊界参入者であったからこそ、そうしたのである。認識を通して、彼らは道徳に適った行法を編み出した。彼らはそれらが人間の霊妙な本性にどのように作用するかを知っており、弟子たちがこの霊妙な本性を次第に育成していくことを望んだ。このような世界観の意味で生きることは自分自身の霊的完成のために努力することである。人間がこの努力を続けるとき、その行為はすでに宇宙全体のために役立っている。自分を完全なものにすることは決して利己心のあらわれではない。なぜなら不完全な人間は人類と世界の不完全なしもべでもあり、完全であればある程、その人は全体のためにより完全な奉仕をすることができるのだから。「薔薇が自分を美しく飾る時、庭園もまた美化される」という言葉はここにも当てはまる。

この意味で偉大な世界観の創始者たちは偉大な魔術師でもある。彼らに由来するものが人々の魂の中に流れ込む。そしてそれによって、人類だけでなく、宇宙全体が進化する。彼らはこの進化のプロセスのために、まったく意識的に働いてきた。彼らの与えた行法が人間本性の内奥の認識から汲みとられていることを知る者だけが、この行法の内容を理解する。偉大な霊的指導者たちは偉大な認識者でもあった。彼らの認識が人類の理想を打ち立てたのである。しかし個々の人間は修行を通して進化の高みへ向うことにより、これらの指導者のところへ近づく。

以上に述べてきた仕方でエーテル体の育成を始めた人には、まったく新しい人生がひらけてくる。その際人は、神秘修行の過程で、この新しい人生をどう生きたらいいか、その明瞭な理解を正しい時期に得なければならない。たとえば十六弁の蓮華を通して、霊界の諸形姿を見る。その場合これらの形姿がそれを生み出す対象もしくは存在次第でどのように相違してくるか、明瞭に理解できなければならない。その際注意すべき事柄の第一は、自分自身の思考内容や感情によって或る種の霊的形姿が大きな影響を受け、他の種類の形姿は全然もしくは極くわずかしか影響を受けないという事実である。前者の場合、観察者がそれらの出現に際して、「美しい姿だ」という感想を持ち、そのあとしばらくその光景を見てから、この感想を、「これは役に立ちそうだ」という感想に変えたとすれば、たちどころにその形姿は変身する。――特に鉱物や加工品に由来する霊的形姿は観察者のどんな感想や感情によっても変化する。このことは植物に由来する霊的形姿についてもいえるが、その変化する度合はもっと少ない。動物の場合の霊的形姿はさらに変化する度合が少なくなる。動物の霊的形姿も、変じ易く、活動的ではある。しかしその活動が人間の思考や感情の影響によって生ずる場合はわずかな部分に過ぎず、他の大部分は、人間が影響し得ぬ諸原因によって惹き起される。さて、この形象世界全体の内部には、特別の種類の形姿も存在する。それははじめ人間の影響をほとんどまったく受けつけない形姿である。修行者は、このような形姿が鉱物や加工品のものでも、植物や動物のものでもないことを確認することができる。そのような形姿をよく観察してみると、それらが自分以外の人間達の感情、衝動、情熱、等々によって惹き起されたものであることが分る。しかししばらくすると、この形姿に対しても、修行者自身の思考や感情が、たとえわずかではあっても影響を及ぼしうることに気づかされる。しかし霊的形象世界の内部には、観察者からの影響が常にほとんど認められぬような部分が最後まで残されている。——この残された部分は見霊体験を持ち始めた修行者が霊視できるものの大部分なのであるが、この部分が何に由来するのかは、修行者が自分自身を観察した時、はじめて明らかになる。すなわちこの霊的形姿は修行者自身が生み出したものに他ならないのである。自分が行い、欲し、望むとき、それがこれらの形姿となる。自分の内部に住んでいる衝動や欲望、自分の抱く意図等、それらはすべてこのような形姿となって現れる。それどころか、修行者の性格のすべてがこのような形象世界の中に現れてくる。このように、人間は自分の意識内容である形姿や感情を通して、自分以外のところに由来するすべての霊的形姿に影響を及ぼすことができる。しかし自分自身の本質が生み出した霊的形象に対しては、それが作り出された後では、もはや影響を与えることができないのである。以上の事実から、次のことが明らかになる。すなわち高次の見方からすれば、人間の内的いとなみ、自分の衝動や欲望や表象も、自分以外の対象や本性とまったく同じような外的な形姿を示す、ということである。高次の認識にとって、内界は外界の一部分となる。ちょうど自分の周囲を鏡で囲まれた人が、自分の姿をあらゆる側面から、よく見ることができるように、高次の世界の中では人間の魂的本性が鏡像となって、その人間の前に立ち現れてくる。

ここまで進歩した修行者は、今や、自分の個人的な狭さが作り出す幻想を克服しうる時点を迎える。今彼は自分の個人的性格の内部に存するものを、外界として観察する。それまでの彼は、外から自分の感覚に働きかけてくるものだけを外界と見做してきた。そのような周囲の事物に対するこれまでの態度が、次第に自分自身に対しても向けられるようになる。

このような体験を持つ場合、もしあらかじめ以上に述べた霊界の本質が理解できていなかったとすれば、修行者自身の魂の内部を映し出している外部の霊的形姿は、まるで謎のように思えるであろう。彼自身の衝動や情熱の諸形姿なのに、それがあたかも動物や、時には人間の姿となって現れてくる。勿論、霊的世界の動物的形姿は地上の動物そのままでは決してないが、それでもどこか類似したところがある。だから、修行の足らぬ観察者はそれらを同じものと見做してしまう。――霊界を認識するためには、まったく新しい種類の判断を身につけねばならない。なぜなら、内部に属する事柄が外界として現れてくるという点を除いても、その現れ方が、現実に存在する姿の逆の相として現れてくるからである。たとえば或る数を霊界で見たとしよう。そのとき人はそれを鏡に写った場合のように、逆にして読まなければならない。たとえば285という数は本当は582を意味している。ひとつの球は、まるでその中心から見る時のように、現れる。したがってこの中心からの観点を正しい仕方で改めて翻訳し直さねばならない。魂の特性もまた鏡像のような現れ方をする。外にある何かに向けられた願望は、その願望を抱く人自身のところへ向う形姿として現れる。人間の低い本性に基づく情欲は動物のような姿をとって、人間に襲いかかってくる。実際にはこの情欲は、それを満足させてくれる対象を外の世界に求めている。けれども外に向けられたこの欲求が、鏡像の中では、情欲の所有者への攻撃として表現されるのである。

修行者が、霊的直観を獲得する以前に、冷静な自己観察を通して、自分の性質をよく認識していたなら、自分の内面が外なる鏡像となって立ち現れてきた時にも、まともにそれと向い合う勇気と力を持つことができるであろう。静かな自己反省を通して自分の内部に精通しようとしなかった人は、このような鏡像を己れの姿であるとは認めたがらず、それを自分と異質な外的現実の一部分と見做すであろう。またはそのような鏡像に接して不安に陥り、その姿が見るに耐えなくなり、それを根拠のない空想の産物であると思い込もうとするかも知れない。そのいずれの場合にも、人は未成熟なまま、或る種の霊的開発に成功してしまったので、取り返しのつかぬ不幸な状態に陥っているのである。

霊界へ参入するためには、自分の魂の霊的洞察が修行者にとって極めて重要なのである。自分の自我こそ、人間がもっともよく評価することのできる霊的、魂的内容の筈である。修行者が日常の自分についての認識を深めた上で、霊界における自分の鏡像にはじめて接したとすれば、彼はその両方を比較することができる。その霊的な姿を自分の熟知している姿と関係づけ、そのようにして確かな地盤から出発することができる。そうでなければ、たとえどんなに多くの他の精霊たちが彼の前に出現してきたとしても、彼はそれらの本性を知る手がかりを摑むことができないだろう。その結果やがて自分の拠り所が全然存在しなくなってしまうであろう。それ故、自分の本性を十分に認識し、評価することを学んだ者だけが、霊界においても確かな道を歩むことができる。このことはどんなに強調しても し過ぎることはない。

このように、修行者は霊界への旅の最初にこのような霊的鏡像と出会う。なぜならこの鏡像に対応する現実が彼自身の内部に存するのだから。したがって修行者は、この最初の段階で、生《なま》な現実との触れ合いを求めたりせず、鏡像との出会いを当然のことと思えるように、心の用意を整えておかねばならない。しかしこの鏡像世界の中で、彼はやがて新しい現実を学ぶ。彼の低い自我は鏡像として目の前に存在している。しかしこの鏡の中の光景の真只中に、高い自我の真の現実が現れる。低い人格の形象の中から霊的自我の形姿が見えてくる。そして修行者は、霊的自我の形姿によってはじめて、他の霊的諸現実にまで続く糸を紡ぎ出すことができる。

そして今はじめて、両眼の付近にある二弁の蓮華を用いる時がきたのである。この蓮華が回転しはじめると、自分の高い自我をそれより一層高次の精霊達と結びつけることが可能になる。この蓮華から生じる流れは高い位階にまで拡がっていくので、その精霊たちの活動が完全に意識化できるようになる。光が物体を見えるようにしてくれるように、この流れが高次の世界の精霊たちを霊視させてくれるのである。

霊学の中に沈潜することを通して、根本真理を含んだ特定の表象が生じる。それによって、修行者は両眼付近にある蓮華の流れを活発にしたり制御したりすることを学ぶ。

霊的生活にとっても、健全な判断力と明晰な論理的訓練がどんなに必要であるかは、特にこの段階で明らかになる。これまで萌芽の状態を保ちながら、無意識の中に微睡んできた高い自我が意識的存在として生み出される過程をこの関連において考えてみよう。比喩ではなく、現実の事件として、ひとつの誕生が霊界の中に生じたのである。したがって新しく生れた者、すなわち高い自我は、生き続けるために必要なすべての素質や器官をもたねばならないのである。幼児が健全な眼や耳をもって生れるように配慮するものが自然であるとすれば、高い自我が必要な能力をもって現れるように配慮するものは行法である。そして霊そのものの高次の器官が健全に育成されるように配慮するこの行法とは、物質界の健全な理性法則と道徳法則のことに他ならない。胎児が母胎内で育つように、霊的人間は物質界の自我の中で育つ。胎児の健康は母胎内の自然法則の健全な作用に依存している。同様に霊的人間の健康にとっては、通常の理解力と地上の生活に必要な理性の法則が必要な前提となる。地上で健全な生活を送らず、健全な思考力を育てなかった者が健全な高い自我を生むことは決してない。理性に適った自然な生活を送ることが、真の霊的発展のための基礎なのである。——胎児が生れる以前に、すでに自然（つまり生れてから感覚的知覚の対象となる自然）の力によって生きているように、人間の高い自我も、すでに地上生活の間に霊界の法則によって生きている。そして胎児が暗い生命感情を頼りに、必要な力を身につけていくように、高い自我を生む以前の人間も、予感を頼りに霊界の力を身につけていくことができる。実際、高い自我が霊界で十分発達した存在として出現するためには、このような地上生活での作業がどうしても必要になる。自分で見ることができなければ、霊学の教義を承認することはできない、という態度は正しくない。なぜなら霊学研究を深めることなしには、正しい高次の認識に到ることは決してできないからである。霊学を否定する人は、胎児に母胎を通して与えられようとする力を拒み、それを胎児が自分で獲得できるまで使用させまいとするのと同じ態度を示している。胎児が暗い生命感情によって母胎が授けてくれるものの正しさを感知するように、まだ霊的に見ることができぬ人間も、霊学の教義の正しさを感知することができる。たとえ自分では霊的体験をまだ持たぬ時にも、健全、明晰で片寄らぬ判断力と真理感情とをもって、霊学の教義の本質を洞察することが可能である。人はまず神秘学的認識内容を学び、この学習を通して見るための準備をしなければならない。このような学習以前に見えるようになった人は、眼や耳だけあって知性を持たずに生れてきた子どもに似ている。色彩と音の全世界が彼の前に拡がっていても、それが何を意味するのか、理解することが全然できない。

このようにして、あらかじめ真理感情や理性、理解力によって把握してきたものが、神秘修行のこの段階で自分の体験となる。修行者は今や自分の高い自我を直接知るようになる。そしてこの高い自我が高級な精霊たちと結びつき、それらとひとつの調和を形成するのを認識するようになる。かくして修行者は、いかに低い自我が高次の世界から派生してきたものであるかを悟る。このことは高い性質が低い性質よりも永続するものだということを彼に示す。今や無常なるものと永続的なるものとの区別が生じる。このことは高い自我が低い自我の中に受肉するという教義を自分の直観から受け容れることに他ならない。人間は高い霊的関連のもとに生れてくるのであり、その性格や運命もこのような関連によってつくり出されているのだということをはっきりと悟る。修行者は人生の法則、すなわちカルマを認識する。彼は自分の低い自我がとっている現在の姿が、自分の高い本性が受肉すべきさまざまの形姿の一つに過ぎないことを悟る。そして彼は、、、自分の内部で高い自我が低い自我に働きかけ、自分をますます完全な存在にしていくさまを眼前に見る。今彼は、完全性の度合に応じて、さまざまに人間が区別されうることを洞察する。彼は自分がこれから歩むべき諸段階をすでに歩き通した自分以上の人間たちの存在に気がつく。彼はこのような人達の行いや教えが高い世界からの啓示に基づいていることを洞察する。彼はこの洞察を高次の世界への最初の一瞥によって得たのである。「人類の偉大な秘儀参入者」と呼ばれる人たちが彼にとって現実的な意味を持ち始める。

この修行段階にある人たちには、以下の能力が与えられる。高い自我を知ること、低い自我へのこの自我の受肉の教え（すなわち輪廻転生とカルマの法則）を知ること、および最後に偉大な霊界参入者の存在を知ることである。

それ故この段階の修行者を、迷いを完全に克服した人という。それまでの彼は理性と健全な思考に基づいた信念を持っていたが、今や信念の代りに、完全な知識と何物にも曇らされぬ明察とを所有する。諸宗教は、儀式、秘蹟《サクラメント》、典礼の中で、高次の霊的事象に眼に見える形式を与えてきた。諸宗教の深い意味をまだ洞察していない人だけが、この形式をまったく誤って解釈する。しかし霊的現実そのものを洞察する人は、祭祀における可視的行事の偉大な意味を理解するであろう。そのような人にとっては、宗教的な儀式が霊的に自分より高次な世界と自分との結びつきの模像にさえなる。

神秘道をこの段階まで修行してきた人が、どのようにして新しい人間になったのかを、人は理解できるであろう。このようにして修行者は次第に、自分のエーテル体の流れを通して、本来の高い生命要素を統禦し、それによって肉体の拘束を自由に脱却することができるようになっていく。

神秘修行者の夢に現れる変化

前章に述べた発展段階に到達した兆候、もしくはやがて到達しようとする兆候は修行者の夢の中に現れてくる。これまでの混乱した、恣意的な夢が、今や規則的な在り方を示し始める。夢の形象が日常生活の記憶表象と意味深く関連するようになる。夢の法則、夢の原因と結果が認識できるようになる。そして夢の内容もまた変化する。これまではただ、日常生活の余韻、環境の歪曲された印象、もしくは自分自身の体調の反映でしかなかったところに、今やこれまで経験したこともないような世界の心象風景が現れてくる。勿論夢としての一般的な性格は存続している。すなわち夢は覚醒時の表象とは異なり、表現しようとするものを象徴的に表す。夢の注意深い解釈者なら、この象徴的意味を見逃すことはないであろう。たとえば醜い動物を摑んでしまい、手の中にその不快な感覚が残ったとする。目覚めたとき、掛布団の端をしっかりと摑んでいたことに気がつく。実際の知覚内容が夢の中でそのまま表現されるのではなく、象徴化される。――あるいはまた、追手から逃れようとする自分を夢にみた。夢の中で不安を生々しく感じた。目覚めてみると、眠っている間に心悸亢進をおこしていたことが分った。消化に悪いものを食べ過ぎたときは、その結果怖ろしい夢が現れる。周囲の出来事も象徴的に夢の中に現れてくる。柱時計の時を告げる音は鼓笛隊と共に行進する行列の光景となる。テーブルが倒れた音は一連のドラマを作り出し、最後にこの物音がその長い物語に締めくくりをつける等々である。――このような象徴的表現方式は、エーテル体が育成され始めた人のすでに秩序立った夢の中にも見られる。しかしその夢はもはや、物質的環境や自分の体調の単なる反映だけではなくなる。物質的世界を反映した夢も秩序立った内容を示すが、霊的世界の事象や状況を指示する夢の内容もまた秩序づけられて現れてくる。修行者はまずこのような夢の中で、通常の日常意識では手の届かぬ諸経験を持つのである。――とはいえ真の神秘家がこのようにして夢の中で体験する事象を、霊界からの伝達の規準となる情報源にしている、と信じることは許されない。このような夢の体験は霊的に進歩したことの単なる最初の徴しと見做すべきである。――やがて、これに続く段階に到ると、修行者の夢は、もはやこれまでのように悟性の思慮深い支配の外に逸脱することなく、覚醒時の表象や感覚のいとなみと同じように、この悟性の制禦を受け、それによって秩序を与えられるようになる。夢と覚醒状態との間の区別がますます少なくなっていく。夢見る修行者は、夢を見ている間も文字通り目覚めている。すなわち彼は自分をその夢幻劇の演出家であり、監督であると感じているのである。

夢を見ている時、人間は誰でも物質的世界とは異なる世界の中に生きている。ただ通常の人間はその霊的器官がまだ未発達なために、この世界について上述したような混乱した表象以外、何も作り出すことができない。せいぜいこの世界は、視覚器官のもっとも原初的な萌芽しか持たぬ生物にとっての感覚世界のようにしか存在していない。日常生活の残像と反映以外の何も見ることができないでいる。しかし人間がこのような残像や反映を夢の中で見ることができるのは、自分の日常知覚する内容そのものが映像として、霊界を構成している素材の中に描き込まれるからである。換言すれば、人間が通常の意識的な日常生活と並んで、第二の無意識的な生活をあの別世界の中でいとなんでいるからである。知覚したり、考えたりするすべての事柄を、彼はこの第二の世界の中に刻印づける。蓮華を育成した時、はじめてこの刻印が見えてくる。さて、すべての人間には常に或る程度の蓮華の未発達な萌芽が存在している。日常の意識の中では、この刻印が彼にとってあまりに稀薄なために、蓮華の萌芽状態では何も知覚できない。それはなぜ昼間星を見ることができないかという理由に似ている。星は明るい陽光の中では、知覚の対象になり得ない。同様に淡い霊的印象は、物質感覚の強烈な印象の前では、自己を表すことができない。しかし睡眠中、外的感覚の門が閉ざされると、この霊的印象が混乱した姿のまま輝き始める。そして夢見る人はそれを通して、霊界で為される諸経験を知覚する。とはいえ、すでに述べたようにこれらの経験は、物質感覚と結びついた日常生活の諸表象を霊界の素材に刻印づけたものでしかない。――蓮華が開花したときはじめて、物質界に属さぬ情報が夢の中に記されるようになる。次いで進化したエーテル体を通して、霊界に由来するこの記録についての豊かな知識が生じる。――これと共に新しい世界における交流が始まったのである。人間は今、神秘修行に導かれて、二重の事柄を達成しなければならない。まず第一に覚醒時における同様に、夢の中でも集中した観察が為されねばならない。これが達成されたなら、第二にこの同じ夢の中の観察を覚醒時にも行えるようにならねばならない。霊的印象に対する彼の注意力は、その場合、この印象が物質界の強烈な印象の中でも、もはや消え去ることなく、それを物質的印象と並んで、またはそれと共に、持ち続けることができるようにならねばならない。

修行者がこの能力を獲得した時、彼の霊眼の前に、前章で述べたような光景が立ち現れる。今彼は霊界に存在するものを、物質的事象の原因として知覚することができる。特に彼は自分の高い自我が霊界の中に存在しているのを認識することができる。——次の課題はこの高い自我の中に没頭することである。すなわちこの高い自我を自分の真の本性と見做し、それに則って生活することである。ますます彼は自分の肉体や以前「私」と呼んでいたものが、この高い自我のむしろ道具に過ぎない、という生きいきした想念や感情を抱くようになる。低い自我に対しては、ちょうど感覚世界の中に閉ざされた人が道具や乗り物に対して持つような態度で向い合う。そのような人が「私は歩いて行く」という言い方と同じように「私はハイウェイを走る」という言い方をしたとしても、その人が乗り物を自分の「私」と見做してはいないように、霊的に進化した人が「私はドアを開けて入る」という言い方をした時にも、「私は自分の肉体を部屋の中へ運ぶ」という考え方を持って、そう言うのである。しかしそう考えるからといって、この考え方にとらわれてはならない。一瞬たりとも物質界の確実な地盤を失って、感覚的世界の中で疎外感をもつようなことがあってはならない。夢想家や空想家であってはならない。修行者の高次の意識は物質生活を貧しくするのではなく、むしろ豊かにしなければばならない。遠い目標に達しようとして足の代りに鉄道を使用するときのように。

修行者が高い自我におけるこのような生活へと人生を高めたなら、そのとき――あるいはすでに高次の意識を獲得する過程で――どうしたら心臓部に生み出された器官の中で霊的知覚能力を開発し、前章に述べた生命の流れの中でそれを働かせることができるかを知るようになるであろう。この霊的知覚能力は霊的素材の一要素なのである。それは心臓部に生み出された器官から、美しく輝きながら、他の回転する諸蓮華やエーテル体による諸通路を通って、流れ出ている。それはさらに外の方へ向って、周囲の霊界の中にまで輝き、霊界を霊的に知覚できるように照射する。それはあたかも上空に輝く日の光が地上の存在を物質的に知覚できるようにするのに似ている。

どのようにしてこの知覚能力が心臓部の器官に生み出されるのかは、徐々にその形成過程そのものの中で納得するしかない。

修行者が今述べたような仕方で、霊的知覚器官の流れを自分のエーテル体に浸透させ、さらに外なる霊界にまで送り込み、そのようにして霊的対象に光を当てることができるようになる時、本来その時はじめて、彼は霊界を明らかに対象化し、霊界の存在者たちを知覚し、認識するようになる。――このことから明らかなように、霊界の対象をまったき意識をもって知覚するためには、人間自身みずからの霊光を外に向けて照射することが前提となる。ところでこの知覚器官を生み出す「私」は実際は決して人体の中にではなく、すでに述べたように、人体の外に存在している。心臓部の器官は、修行者の「私」が外からこの霊的な光の器官の火を吹き起す場所にすぎない。もし修行者がこの器官をこの位置にではなく、他の場所で燃え立たせようとするなら、その場所で生み出された霊的知覚内容は物質界と何の関連も持たなくなるであろう。しかし人間はすべての高次の霊的内容をまさに物質界と関係づけるべきであり、自分を通してそれを物質界の中に作用させるべきである。心臓部の器官は、まさに高い感覚的な自己を自分の道具に用立てるための手段である。この器官があるからこそ感覚的な自己を高い自我は支配できるのである。

さて、進化した人間が霊界の事象に対して抱く感覚は、通常人間が物質界に対して抱く感覚と異なっている。通常の人間はみずからを物質世界の特定の場所にいると感じ、そこで知覚された対象は彼にとって「外に」ある。これに反して霊的に進化した人間は、自分を自分が知覚する霊的対象と一体化されているように、霊的対象の「中に」いるように感じる。彼は実際、霊的空間の中を方々さまよい歩く。それ故神秘学の用語では、そのような人を「さすらい人」とも呼ぶ。彼ははじめのうちはどこにも憩うべき場所を持たない。――もし彼がこのような単なる放浪生活に終始するなら、霊的空間の中のどんな対象をも正確に規定できないであろう。物質空間における対象や場所が規定できるのは、特定の地点を規準にするからである。このことは霊界にも当てはまる。霊界においても、まず徹底的に探求することによって、霊的に所有しうるような場所をどこか自分のために用意しなければならない。その場所に霊界での故郷を作らねばならない。そうすれば、他のすべてがこの故郷との関係において把握できるようになる。物質界の人間もまたすべてを自分の故郷の思い出と何らかの意味で関係づけようとする。ベルリン人は、知らず知らずパリ人とは別な仕方でロンドンの印象を語る。とはいえ霊的故郷と地上の故郷との間には大きな相違がある。人は地上の故郷に自分の意志で生れついたのではない。人は幼少の頃、故郷で一連の印象を本能的に受けとる。そしてそれ以後、すべては知らず知らずこれらの印象の照明を受けるようになる。しかし霊的故郷の場合、人はまったき意識をもって自分でそれを作り上げる。それ故まったく意識的な、自由な観点から、その故郷を尺度にして判断することができる。――神秘学の用語では、この霊的故郷の建設を「小屋を建てる」と呼ぶ。

この段階での霊視は、まず、物質界の霊的対応像に向けられる。この霊的対応像はいわゆるアストラル界に存在している。アストラル界とは、人間の衝動、感情、欲望、情熱と本質的に同じものがすべて存在している世界であるといえよう。なぜならこれらの人間的ないとなみと共通する作用力は人間以外の、人間を取り巻く一切の感覚的事物にも備わっているからである。たとえば水晶は、霊的な観点からすれば、人間の中に働く衝動に似た力によってその形体を獲得している。同様の力によって、樹液が植物の脈を流れ、花が咲き、莢《さや》から種子が地上に離れ落ちる。すべてこれらの力は、進化した霊的知覚器官にとっては、形や色を持っている。あたかも物質界の存在が肉眼にとって、形や色を持っているように。修行者はこの発展段階において、水晶や植物の中に、物質的な色や形だけではなく、今述べたような霊的な力をも見る。彼にとっては動物や人間の衝動も、その衝動を担う存在の地上的な生活の表現であるにとどまらない。物質界で机や椅子を見るように、そのような衝動そのものを直接対象として知覚する。動物や人間の本能、衝動、願望、情熱の全体は、それを担う存在を覆い包むアストラル的な雲となり、オーラとなる。

さらに、この段階に立つ修行者は、感覚的知覚によってはほとんど、あるいはまったく、捉えられぬような事象をも知覚する。たとえば低俗な考えを抱いた人たちのいる場所と高い理想を抱いた人たちのいる場所とのアストラル的な相違を知覚する。病院と舞踏場との霊的に異なった雰囲気を知覚する。商業都市は大学都市と違ったアストラル的な空気を持っている。はじめのうち見霊能力を得た人間の知覚能力はこのような事柄に対して、まだあまり敏感ではなく、ちょうど感覚的人間の夢の意識と同じ程度の不確かさしか持たないかも知れない。しかし次第にこの場合にも完全な目覚めが生じる。

この段階での見霊能力の最高の在り方は、動物や人間の衝動や情熱のアストラル的な反応の知覚である。愛情に満ちた行為は憎しみに発する行為とは異なるアストラル的随伴現象を持つ。単純な欲望はそれ自身のアストラル的形姿の他に、それとは別の醜いアストラル的対応像を表し、高邁な感情は美しい対応像を表す。これらの対応像は人間が物質生活をいとなんでいる間は、かすかにしか見られない。なぜならその強さが物質生活によって抑えられているからである。たとえばある品物を手に入れたいという願望は、この願望そのものがアストラル界に現れる形姿の他にも、このような鏡像を作り上げる。しかしこの願望がその品物を手に入れることによって満足させられたり、少なくともそのような可能性が存在したりする場合には、この鏡像は非常にかすかな姿しか示さない。

しかし死後になると、魂がなお依然としてこのような願望を抱き続けていても、品物もそれを享受する肉体器官も失われているから、もはや願望を満足させる手立てがない。そのような場合、この鏡像はその強さを完全に示すようになる。たとえば美食家は死後においてもその嗜好を持ち続ける。しかしもはや味覚のための肉体的器官をもたぬ彼には、それを満足させる可能性がない。その結果、願望が特別に激しい力を伴った対応像を生み、そのため魂は苦しめられる。死後の魂がこの低い欲望の対応像から受ける経験は「魂界の、特に欲望の場所での体験」と呼ばれる。この体験は魂が物質界を志向する自分の欲望から浄化された時、はじめて消える。そして魂はアストラル界から、より高次の領域(霊界)へ上っていく。——地上に生きている人間の場合、たとえこのような対応像がまだ微弱なものであるにしてもそれらは存在し、彗星が尾を伴うように、人間の欲望傾向に伴いつづける。そして見者はそれに相応する発展段階に到ると、それを見ることができるようになる。

ここに述べた段階に立つ修行者は、このような経験、およびこれに共通する一切の経験の中に生きている。もっと高次の霊的体験はまだ持ち得ない。彼はここからさらに前進していかねばならない。

意識の持続性の獲得

人間の一生は三つの状態の繰り返しの中で進行する。すなわち覚醒状態、夢を伴った眠り、および夢のない深い眠りである。神秘修行者の場合、この三つの状態にどのような変化が現れるのか。それについてあらかじめひとつの観念を持つことは、どのようにして霊界を認識するに到るかを理解するのに役立ってくれる。高次の認識のための修行を完了する以前の意識は、絶えず眠りによって中断される。この中休みにおける魂は、外界についても、自分自身についても、何の意識もない。ただ特定の時間に無意識の大海の中から、夢が立ち現れてくる。その夢は外界の出来事を映し出すこともあれば、自分自身の身体の調子を映し出すこともある。はじめは夢を睡眠状態の特殊な在り方としか見ようとしない。それ故睡眠と覚醒という二つの状態しか問題にしない。しかし神秘学にとって、夢は他の二つの状態と並ぶ独自の意味を持っている。霊的認識を獲得する際に、夢にどのような変化が現れてくるかは、すでに前章で述べた。夢は不規則で関連のない無意味な性格から離れて、ますます規則的で、関連づけられた内容を表現するようになる。修行がさらに進むと、この新しい夢の世界は、真実なる内容という点で、外なる感覚的現実に匹敵するばかりでなく、その中に真に高次の現実が啓示されるようになる。感覚的世界の中には、そのいたるところに秘密や謎が隠されている。この世界にも、勿論、霊的諸事実の作用が現れているが、もっぱら感覚的知覚だけに頼ろうとする人は、その作用の原因にまで到ることはできない。しかし夢のいとなみの中にありながら、もはや夢とは言えぬようなこの新しい状態の中の神秘修行者には、これらの原因が部分的にではあるが、打ち明けられる。――勿論、この打ち明けが覚醒時の修行者に与えられるのでなければ、それを真の認識内容と見做すことはできないであろう。したがって、夢のいとなみの中に現れた状態を、覚醒時の意識の中にまで持ち込むことが修行者の次なる課題となる。この課題を達成した時、感覚世界はこれまでまったく知ることのなかった新しい内容によって、豊かにされる。盲目に生れついた人が手術を受けて視力を獲得した時、周囲の事物が視覚内容によって豊かにされて現出するように、このようにして見霊能力を獲得した人は、周囲の世界が新しい性質、事象、存在等々で豊かにされているのに気づく。もはや霊界を体験するために、夢を待つ必要はなく、必要な時には常に霊的知覚を得るために、自分をこのような状態の中に移し入れることができる。この状態と修行者の日常生活との関係は、ちょうど通常の人間が積極的に感覚を働かせる場合と受動的にしか感覚を働かせていない場合の関係と同じような意味を持っている。だから、神秘修行者が魂の感覚を働かせると、肉体的感覚には隠されている事物が見えてくる、という言い方は事実に即している。

この状態は、一層高次な認識状態への移行段階に過ぎない。さらに一定期間修行を続けると、根本的な変化が夢の中に現れるだけでなく、夢のない深い眠りの状態にまでこの変化が及んでくる。これまではまったく意識を喪失していた深い眠りの中に、意識化された体験がひとつひとつ入り込んでくる。眠りの完全な闇の状態の中から、これまで知らなかったような種類の知覚内容が立ち現れてくる。このような知覚内容を言葉で記述することは、勿論容易ではない。なぜならわれわれの言語は感覚世界のために作られており、感覚世界に属さぬものについては近似的な表現しか可能ではないからである。それにもかかわらず霊界を言葉で語ろうとすれば、多くの点で比喩を用いざるをえなくなる。しかし世界のすべては他のものと共通点をもっているから、比喩が不可能となることはない。高次の世界の事象や存在も、感覚世界の事象や存在と共通点をもっており、そのつもりで理解しようとすれば、その限りにおいて、感覚界にしか通用しない言葉でも、高次の世界についての表象を与えることが可能となる。ただ超感覚的世界を表現するには、常に比喩と象徴が必要であることを知っていなければならない。――それ故神秘修行そのものもただ部分的にしか通常の言語を用いず、他の場合には、当然のこととして象徴言語を使用する。修行者はこのような象徴的表現を修行の過程で身につける。しかし象徴的表現は本書の中でも為されているような、通常の表現方法による霊界の性質についての記述を否定するものではない。

深い無意識的な眠りの海から立ち現れてくる諸体験についてひとつの観念を持とうとするならそれを聞くことと比較するのがもっとも適当であろう。知覚された音や言葉として、それを語ることができる。夢の諸体験を比喩的に、一種の視覚体験として語ることが適当であるように、深い眠りの諸体験は聴覚体験と比較できる。（ここでただし書きをつけ加えておくなら、霊界にとっても見ることは聞くことよりも高い体験内容を示している。色彩は、この世界においても、音や言葉よりもより高次の存在である。しかし修行者がこの世界について、行のさ中にまず知覚するのは、そのような高次の色彩ではまだなく、より低次の音である。ただ、修行者が霊的体験として直ちに色彩を知覚するのは、深い眠りの中よりも、夢の眠りの中に開示される世界の方が、一層身近であるからに過ぎない。深い眠りの中で開示される高次の世界は、修行者にとって、まだ身近ではない。それ故この世界はまず音や言葉を通して啓示される。後になるとこの世界においても色や形にまで達することができる。)

深い眠りの中での体験が意識できるようになった修行者の次なる課題は、それを可能な限り明確なものにすることである。はじめのうち、このことは非常に困難であろう。なぜならこの状態で体験される知覚内容は、はじめのうちは極めて僅かでしかないからである。目覚めたあと、何かが体験できたということが分るだけである。しかし何が体験できたのかということになると、まったく曖昧である。この最初の状態におけるもっとも重要な事柄は、平静な態度を持ち、一瞬たりとも不安や焦燥にかられたりしない、ということである。不安と焦燥はどんな場合にも悪い影響しか与えない。いずれにせよ、それによって進歩が促進されることは決してなく、常に妨害されるのがおちである。それ故静かに、与えられたもの、贈られたものを受けとるしかない。強引な態度は一切捨てなければならない。この時点でも眠りの体験がまだ意識できなければ、忍耐強くそれが可能になる時まで待たねばならない。なぜならそのような時は必ず来るからである。しかもそれまで忍耐強く、平静な態度を持してきた場合の知覚能力は持続的であるが、無理な努力をした場合には、一度生じた体験も、ふたたび長期間完全に消えてしまうことがある。

この知覚能力が現れ、睡眠体験が完全に明瞭に意識されるようになったなら、次にこの体験の中の二つの種類を正確に区別しなければならない。一方の種類の体験は、これまで経験してきた一切の事柄とは完全に異質なものである。この体験は喜びをもたらす。この体験をはじめてもった修行者は大きな感動を覚えるであろう。しかし当初の間、この体験に捉えられてはならない。それはもっと後に出会うべき高次の霊界の最初の先触れに過ぎないのだから。しかしもう一方の種類の体験は無視されるべきではない。注意深く観察すると、それは日常世界との深い関連を示している。日頃心を煩わしている事柄、理解したいと思っても、通常の判断力では理解できないような事柄が、この睡眠体験によって解明される。人間は日常生活の中で、周囲の事物についてあれこれと考える。そして事物相互の関係を知るために、思考内容を作る。感覚が知覚するものを、概念によって理解しようとする。今問題にしている睡眠体験は、このような思考内容や概念と関係しているのである。それまでは曖昧な影のような在り方をしていた概念が、この体験の中では生きいきとした、響きに充ちたものとなる。それはまさに感覚世界の音や言葉としか比較できない。まるで謎を解こうとする人に、高次の世界からその答えが音や言葉となって囁きかけてくるかのようである。そのようにして、修行者は他の世界から近づいてくるものを、日常生活と結びつけることができるようになる。これまではただ思考だけで把握してきた事柄が、今では感覚的に対象を知覚するのと同じ確かさと具体性をもって、体験できるようになる。感覚界の事物は決して感覚的知覚に現れるだけのものではない。それは或る霊界の表現であり、流出である。今まで隠されていたこの霊界が、今や修行者にとって、彼の周囲の環境全体から響いてくるのである。

この高次の知覚能力が修行者にとってひとつの祝福となりうるためには、彼のために開かれた魂の感覚が秩序づけられていなければならない。通常の感覚器官もまた、世界を正しく観察するためには合法則的な秩序の下に立っていなければならない。このことは当然である。それ故修行者は、秩序づけられた高次の感覚を、神秘修行が教える行法を通して、形成しようとする。――このための行法の一つは集中《コンセントレーション》である。これは宇宙の秘密を暗示するような、特定の表象または概念に注意力を集中する行である。

瞑想《メディテーション》もまた、この行法の一つである。これはこのような理念の中に生きること、すでに述べた仕方でその中に完全に沈潜することである。集中と瞑想を通して、修行者は自分の魂に働きかける。そして魂の中に、霊的知覚器官を育成する。集中と瞑想の行に没頭する間に、ちょうど母胎の中で胎児が成長するように、修行者の肉体の中で魂が成長する。そして睡眠中にこれまで述べてきた個々の体験が現れる時、自由となった魂にとっての誕生の瞬間が近づいている。彼の魂はそれによって今や、文字通り別の存在に一変する。修行者はそれをさらに成長させ、成熟させていく。——それ故集中と瞑想の行は細心の注意を必要とする。この二つの行法は、先に述べた高次の人間（魂の存在）の成長と成熟のための法則であるから、努めて厳格に遵守されねばならない。そしてこの魂の存在が誕生に際して、調和的で正しく分節化された有機体として現れることができるように、細心の注意を払わねばならない。もし行法そのものに欠けたところがあると、このような合法則的な有機体が形成されず、霊界において生命力を保持しえず、流産してしまう。

高次の魂のこの誕生は、はじめ深い眠りの中で達成される。このことは、このようなあまり抵抗力のない、繊細な有機体が日常生活の苛酷な環境の中では全然生存し得ないだろうという点を考えれば、当然のことと考えられる。この霊妙な有機体の活動は、肉体の活動に比して、まったく目につかない。眠りの中で肉体が活動を停止し、感覚的知覚がもはや働かない時に、高次の魂のまだ繊細でほとんど目につかぬ活動が現れてくるのである。——しかしここでも注意する必要があるのは、もし修行者がこの目覚めた高次の魂をまだ覚醒時の意識の中にも持ち込むことができない限り、深い眠りの体験は彼にとって完全な認識内容とはなり得ない、ということである。このことが達成できた時、修行者は日常生活の中でも霊界を客観的に知覚し、そして周囲の環境の隠された霊的内容を魂の音や言葉として、把握することができるようになる。

さて、この段階における修行者は、はじめは多かれ少なかれ関連づけをもたぬ個々の霊的体験と係わり合っている。このことをはっきり意識しておくことも大切である。したがってそれらの体験内容から何らかの完結した、もしくは互に関連づけられた認識体系を打ち立てようとしてはならない。そのような試みをすれば、魂の世界の中に、あらゆる種類の空想的な表象や観念が紛れ込んでしまうであろう。そして真の霊的世界から見て、まったく見当はずれな世界を作り上げてしまうであろう。修行者は常にこの上なく厳しく自己を統禦しなければならない。もっとも正しい態度は、個々の体験内容をますます明確なものにしながら、まったく無理のない仕方で、すでに得た体験におのずと結びついてくる新しい体験を獲得することである。――このようにして深い眠りの中で、ますます意識が活動を拡げていく。それは修行者に働きかけてくる霊界の力と修行者自身の真剣な修行とによって達成される。無意識的な眠りの状態の中から現れてくる個々の体験内容の数が増えるにつれて、眠りの無意識的部分が少なくなっていく。そして個々の眠りの体験内容がおのずと互に関連し合ってくる。この真の結びつきが感覚世界の法則に慣れた悟性の結びつきや論理化によって、混乱させられることはもはやないであろう。感覚世界の思考習慣が不当な仕方で霊的体験に干渉する機会が少なくなればなる程よい。修行者はこのような態度に徹するにつれて、高次の認識への途上で、これまでの眠りにおける無意識状態を完全に意識的な状態に変化させることのできる段階に近づいていく。その時、人は眠りに際しても、覚醒時におけると同様の現実生活をいとなむ。とはいえ、この現実生活が物質的環境の中での現実生活と別なものであることは、あらためていうまでもない。修行者は、感覚世界の固い地盤を失わぬために、そして空想家にならぬために、この高次の睡眠体験を感覚世界と結びつけることを学ばねばならない。しかし最初は、眠りの中のこの世界は、まったく新しいひとつの啓示として体験

される。――神秘学は睡眠生活の意識化をもたらすこの重要な段階を意識の連続性と呼ぶ。註

註　ここで暗示した睡眠体験と感覚世界との結合は、修行者にとって、長い道程を経た後で到達しうる一種の理想である。修行者が最初に体験するのは、二つの状態、すなわちこれまで単なる不規則な夢でしかなかった状態の意識化であり、単なる無意識的な、夢のない眠りであった状態の意識化である。

この段階にまで到った人の場合、肉体活動が休止し、感覚活動が魂にどんな印象をも与えない時間にも、体験と経験が止むことはない。

神秘修行における人格の分裂

睡眠中、人間の魂は物質的な感覚器官の側からの伝達を受けない。通常の外界の知覚内容は魂に流れていかない。魂は、この観点からいうと、覚醒時の感覚的知覚と思考とを可能にする身体部分としての肉体の外にある。睡眠中の魂は、肉体の諸感覚では捉えられぬ霊妙な身体部分（エーテル体とアストラル体）だけと結びついている。これら二つの霊妙体は睡眠中も決してその活動を停止していない。肉体が物質界の中で、事物と結びつき、その作用を受け取り、それに作用を与えるように、魂も高次の世界の中で、そのように生きている。魂のこのいとなみは睡眠中も続いている。睡眠中も魂はまったく活発に活動している。しかし人間は自分のこの活動を、霊的知覚器官を持たぬ限り、知ることができない。霊的知覚器官を持つことができるなら、睡眠中も周囲の出来事や彼自身の活動を、覚醒時に物質的環境を知覚するのと同じ確かさで、観察することができる。これまでも度々述べてきたように、神秘修行とはこのような霊的感覚器官を形成しようとする努力に他ならない。

さて修行を通して、前章に述べたような仕方で、睡眠に変化が生じると、修行者は睡眠中も彼の周囲で生起するすべての事柄を自由に追求することができるようになる。彼は覚醒時の日常生活をいとなむ場合と同じように、周囲の世界を自由に歩き廻ることができる。勿論睡眠中に周囲の感覚世界が知覚できたとしたら、それはすでに高度の見霊能力の現れであろう（これについてはすでに前章において述べた）。修行者は、その霊的能力の始まりにおいて、霊界に属する事象だけを知覚し、その事象と周囲の感覚世界の事物との関連はまだ認識できないのである。

夢と睡眠のいとなみの中に典型的に見出される事柄は、覚醒時にも存続している。魂は昼夜を問わず高次の世界の中に生き、その中で活動している。そして高次の世界から刺戟を受けとり、それによって絶えず肉体に働きかけている。ただ人間はこの魂のいとなみを無意識に行っているのである。しかし神秘修行者はこれを意識化する。意識化することによって、彼の人生そのものを別のものにする。魂は、霊的意味で見えるようにならぬ限りは、自分より上級の霊的存在たちによって導かれている。そして、手術で目が見えるようになった人がこれまでのように手を引いてくれる人を必要としなくなるように、神秘修行によって修行者の生活にも変化が生じる。彼はもはや他者の指導を必要としなくなり、自分の生き方に自分で責任を負わねばならなくなる。そうなると、当然のことながら、通常の意識が予感することもできないさまざまの危険と誤謬に晒されることになる。これまでの彼には高級霊たちが、彼自身には意識されずとも、良き影響を与えてきた。今彼はそのような状況から離れる。彼を導いてきた高級霊は宇宙の調和と秩序の中に生きている。今、修行者はこの宇宙調和の外へ出る。これまで彼のために、彼自身の知らぬところで遂行されてきた事柄を、みずから引き受けねばならない。

この前提の上に立って、霊学の書物は高次の世界への参入と結びついた危険について、さまざまに語っている。時には臆病な心を怖じ気づかせるような仕方で霊的生活を垣間見させている。けれどもこのような危険は必要な注意事項を無視した時にのみ存在する、ということを忘れてはならない。これに反して、真の神秘道を、必要な注意を顧慮しつつ修行する場合には、どんな大胆極まる空想も及ばぬような、圧倒的な力と偉大さをもった諸体験を通して、霊界参入が果される。決して健康が害われたり、生命が危険に晒されたりすることはない。修行者は人生をいたるところで不安に陥《おとしい》れる、身の毛もよだつような存在の力を知るようになる。彼は自分のために、感覚的知覚によっては知ることのできない或る種の力や存在を利用することもできる。誘惑は非常に大きい。このような力を自分の許されぬ利害関係のために思わず用いたり、あるいは霊界の中途半端な知識から間違った仕方でこのような力を利用したりしようとする。この方向での特に重要な霊的体験（たとえば「境域の守護霊」との出会い）の若干については、あとで述べるつもりである。——しかし人生に敵意を持つ霊たちは、人がそれを知らずとも、やはり存在しているのである。このことを無視する訳にはいかない。これまで隠されてきた世界に明らかな意識を持って参入するとき、従来高次の諸力によって定められていたこのような霊たちと修行者との関係に変化が生じることもありうる。この点は疑うべくもない。けれどもこのことによって、彼自身の存在も高められ、彼の活動範囲も非常に拡大する。本当の危険は、霊的経験に際して、修行者が忍耐を持たず、あまりにも早くから自分を独立させ、超感覚的法則を十分認識できるようになるまで謙遜な態度を保ちえなかった時に生じるのである。霊的体験の領域では謙虚とか謙遜とかいう言葉が通常の生活におけるよりもはるかに現実的な意味をもっている。これらの言葉の意味するものが本当に正しく修行者に受け入れられた場合、霊界への参入は、健康や生命に関する危険を一切伴わずに必ず実現される。――特に注意すべきことは、霊的な体験と日常の出来事や要求との間に不調和な関係を作らないことである。どんな場合にも、人間の使命はこの地上に求められねばならない。地上での使命を離れ、別の世界へ逃避しようとする人は、決して目標に到達しないであろう。――けれども感覚が知覚するものは世界の一部分に過ぎない。そして霊界にも感覚的世界の諸現実の中で自己を表現する霊たちがいる。人間は霊界に関与し、その啓示を感覚界の中に持ち込むことができなければならない。人間が地上を変革しうるのは、霊界から探知しえた事柄を、地上に移し入れることによってである。この点にこそ、人間の使命がある。感覚的な地上世界は霊界に依存している。創造的諸力が隠されているあの世界に関与することによってはじめて人間は地上で本当に有効な働きをすることができる。それ故にこそ、霊界への参入を望むべきなのである。このような考え方から神秘修行に向い、そしていかなる時にもその修行の道からはずれることがなければ、どのような危険も恐れる必要はない。危険を予想して、修行を回避したりしてはならない。むしろ危険を予想すればする程、真の修行者が持つべきあの諸徳性を真剣に身につけようとすべきであろう。

以上の前提によって一切の臆病な態度を除去したあとで、改めてここでいわゆる危険の幾つかを述べることにしよう。修行によって修行者のエーテル体とアストラル体に大きな変化が生じることは当然である。この変化は魂の三つの基本的な力、意志、感情、思考の進化の過程と関連している。この三つの力は修行以前には、高次の宇宙法則に従って相互に特定の結びつきを保っていた。人間は勝手な仕方で欲したり、感じたり、考えたりはしない。たとえば特定の表象が意識の中に現れれば、自然に特定の感情がそれと結びつく。あるいは、それと必然的に関連する決断を呼び起す。或る部屋に入って、そこが息苦しいと思えば、窓をあける。自分の名前が呼ばれれば、その声に注意を向ける。質問を受ければ答える。悪臭を放つものをみれば、不快な感情を抱く。これらの事柄は思考と感情と意志との間の単純で必然的な関連を示している。そして人生はすべてこの関連の上に打ち立てられているのである。事実、正常な人間とは思考と感情と意志とがこのような結びつきを現している人間のことである。その結びつきは人間性に基礎を持っている。もし誰かが悪臭を放つものをみて快感を抱いたり、質問を受けてもまったく返事しようとしなかったら、人間性に反した態度といえるであろう。正しい教育を受けたことの成果は、思考と感情と意志との間の人間性にふさわしい結びつきを生徒が身につけたとき、はじめて現れる。師が弟子に特定の観念を与えようとするときには、彼は弟子がその観念をあとになって感情や意志決定と結びつけてくれるだろうと考えて、それを行うのである。——すべてこれらの事柄は、人間の霊妙なエーテル体とアストラル体の中で、思考、感情、意志という三つの魂の力の各中心点が規則的な仕方で互に結びついていることによるのである。エーテル体とアストラル体におけるこの結合は肉体の中にも反映している。肉体においても、意志の器官は思考や感情の器官と規則的な仕方で結びついている。それ故、特定の思考内容は感情や意志の活動を規則的に呼び起す。

——さて、人間の霊的進化に際して、これら三つの基本的な魂の力を結びつけていた糸が断ち切られる。最初この切断は、今述べた霊妙な魂の組織体の中でのみ生じる。しかし修行がさらに進むと、この分裂は肉体にも現れてくる。(人間が高度な霊的発展を遂げると、実際に、たとえば頭脳は互に区別された三つの部分に分れる。勿論この分離は通常の感覚的な観察によっては認めることができず、どんな精巧な観察器械を使用しても証明できない。しかしこの分離は実際に生じる。そして見者はそれを観察する手段を持っている。優れた見者の頭脳は、それぞれ独立した働きを持つ三つの部分、すなわち思考頭脳、感情頭脳、意志頭脳に分れている。)

このようにして思考と感情と意志の器官は、それぞれ単独で存在するようになる。それらの結びつきは、もはやあらかじめそこに植えつけられた規則によって作り出されることはできず、人間自身の中に目覚めた高い意識によって、新たに作り出されねばならない。——そしてこのことこそ、神秘修行者がみずからのうちに認める変化なのである。今や修行者は自分で意識的に配慮するのでなければ、自分の表象と感情、もしくは感情と意志決定との間に何らの関連も生じなくなってしまう。いかなる誘因も、もしそれを意識的に自分自身に作用させようとしなければ、思考から行為へ導かなくなる。以前なら、燃えるような愛情や恐るべき嫌悪に襲われたであろうような事実を前にしても、今はまったく無感動なまま、その前に立つことができる。以前なら思わず熱中して行動に向ったであろうような思考内容を心中に抱いても、何もしないで、じっとしていることができる。一方神秘修行を実行しない人間にとってはまったく何の動機も見出せないような意志決定からも、行為を遂行することができる。修行者に与えられる偉大な成果は、この三つの魂の力の協働作用を完全に自由に行いうることである。しかしその場合の協働作用の責任はすべて、彼自身が背負わねばならない。

修行者は、この本質的な変化によってはじめて、超感覚的な存在の力と意識的な結びつきが持てるようになる。修行者自身の魂の力は宇宙の根本的な力と親和し合うようになる。たとえば彼の意志力は霊界の特定の存在に働きかけることができ、またこのような存在を知覚することもできる。しかしそれが可能なのは、この意志力が魂の内部の感情、思考との結びつきから自由になった時に限られる。この結びつきから解放されるや否や、意志の作用は外へ向って拡がる。思考と感情の力にも同じことがいえる。もし誰かが私に憎しみの感情を向けるとすれば、この感情は見者にとって、一定の色彩を持った霊妙な光の雲として現れる。このような見者は、打ちかかってくる刀剣の切っ先を払うように、この憎しみの感情を受け流すことができる。憎しみは超感覚的世界では目に見える現象となる。しかし修行者が自分の感情の中に存する力を、ちょうど日常人間が視力を外なる対象の方へ向けるように、外に向けることができるようになったとき、この憎しみは知覚できるものとなる。憎しみだけではなく、地上的生活におけるもっとはるかに有意義な事柄についても、同じことがいえる。修行者は魂の基本的な三つの力を個々に自由に取り出すことによって、そのような事柄とも意識的に関係することができる。

思考と感情と意志力のこの相互分裂は、神秘学上の指示を無視する場合、修行の過程で三つの誤謬を犯すことを可能にする。これらの誤謬は、高次の意識が相互に分裂した三つの力をいつでもふたたび自由に調和させうる能力を獲得する以前に、すでにこの分裂がはじまってしまった場合に生じる。——なぜなら魂の三つの力がそれぞれ同じ進歩をとげているということは概してありえないからである。或る人の場合、思考が感情と意志より先に進んでおり、別な人の場合は別な力が優位を占めている。高次の宇宙法則によって三つの力の相互関係が保たれている間は、特定の力が優先することによって、霊的に障害となる不都合は生じ得ない。たとえば意志的な人間の場合、思考と感情はこの法則によって和解的に働き、圧倒的な意志の力が魂の状態を悪化させないようにしている。しかしこのような意志的人間が神秘道を修行すると、感情と思考の調和的な影響力は、強大な作業能力をたえず行使したがる意志に対して完全に無力になってしまう。修行者の高次の意識がみずから調和を作り出すまでに達していなければ、意志は統禦されぬままに自分の道を突き進み、その担い手である人間を圧倒する。感情と思考は完全な無力状態に落ち込む。人間は自分を奴隷のように支配する権力意志によって鞭打たれる。いかなる拘束も受けずに行為から行為へと突っ走る暴力的人間が出現する。——感情が際限なく合法則的制約から解放されるとき、第二の邪道に落ち込む。他人を崇拝する傾向を持った人は、限りなく依存性を求め、自分の意志や思考をまったく見失ってしまうことになる。高次の認識の代りに、憐れむべき内容空虚と無気力の生活がこのような人物の運命となる。——あるいはまたその圧倒的な感情が敬虔さと宗教的高揚に傾きがちな性質の人は、彼を盲信的な宗教的熱狂に追いやる。——思考が心の中で圧倒的地位を占める時、第三の悪が生み出される。その場合、日常生活を敵視する自己閉鎖的な隠遁生活が生じる。このような人にとって、世界は、無限に強められた認識衝動を満足させる対象を提供する限りにおいてのみ、意味を持つように見える。その人の感情や行動はどのような思考内容によっても刺戟されない。いたるところで冷たい無感動な態度が現れる。日常的な現実と関係することは嘔吐をもよおすような、あるいは少なくともまったく意味を持たないような事柄でしかない。

以上が修行者の陥りがちな三つの邪道である。すなわち暴力的人間、感情的耽溺、愛情に欠けた冷たい認識衝動である。外から見ると、あるいはまた唯物論的な医学の立場からしても、このような邪道に陥った人間の姿は、程度の差はあっても、治療を必要とする精神病患者、あるいは重度の「神経症」患者と見做されてしまうであろう。勿論神秘修行者が精神病患者に似ることは許されない。彼にとって必要なことは、魂の三つの基本力である思考、感情、意志があらかじめ配慮されていたその結びつきを失う以前に、そして新たに目覚めた高次の認識によって統禦される以前に、魂の調和的な発展を遂げておくことである。――なぜなら一度《ひとたび》邪道に踏み入り、優勢な魂の力が無拘束状態に陥るなら、高次の魂は流産してしまうからである。その時には無拘束的な単一の力が人間の人格全体を支配する。そしてふたたび均衡と調和を取り戻すことが長い間到底考えられなくなる。神秘道を修行する以前には、無邪気な性質と思われていたものが、神秘修行者の場合、人生にとって必要な普遍的人間性をまったく見失うまでに高められる。

――この事情は修行者が睡眠状態での霊的体験を日常の覚醒生活にまで持ち込む能力を獲得するようになった時、はじめて本当に深刻な事態を生ぜしめる。霊的認識が眠りの休息期における体験に照明を当てることにとどまる限りは、覚醒時になると、一般的宇宙法則の下にいとなまれる感覚生活が魂の害われた均衡に対して、繰り返し繰り返し、調和的に働きかける。だからこのためにも修行者は、覚醒時の生活をすべての面にわたって、規則的で健全なものにするように心掛けねばならない。霊、魂、体の健全で力強い育成に必要な外界の要求に、修行者が従えば従うほど、好ましい結果が生じる。これに反して、日常の覚醒生活が修行者に対して煽動的に、もしくは消耗的に作用するとき、それ故修行者の内部に生じつつある大きな変化に対して、外的生活からの何らかの破壊的もしくは妨害的な影響があらわれるとき、彼にとって不幸な結果が生じかねない。それ故修行者は自分の魂の力にふさわしいもの、自由に、調和的に、自分を環境と共存させてくれるものを、いたるところに求めねばならない。調和を害うもの、不安と焦燥を魂の中に持ち込むものはすべて避けねばならない。その際大切なことは、不安、焦燥を外的な意味で除去することよりも、むしろ魂の気分、意図、思考および肉体の健康状態がそれによっておびやかされないように内的に努力することである。――これらの事柄はすべて、修行者にとっては、修行以前程に容易ではない。なぜなら今では、彼の生活に働きかけてくる霊的な諸体験が絶えず彼の全存在に影響を与えているからである。この霊的体験そのものの中で何かが正常でなくなれば、いつ彼は不幸な状態に襲われるか分らず、いつ正常な道から邪道に追いやられるか分らない。それ故修行者は自分の全存在に対する支配力を常にみずから確保していなければならない。透徹した意識、つまり人生のすべての状況に対する静かな見通しを持ち続ける態度を、決して止めてはならない。しかし真の神秘修行は以上に述べたすべての徳性を、いずれにせよみずからを通して生み出す。そして真の修行をしている限りは、たとえ危険があらわれようとも、それを直ちに追い払うに十分な力を、必要な瞬間にはいつでも獲得できるようになる。

境域の守護霊

「境域の守護霊」との出会いは霊界へ参入する際の重要な体験である。境域の守護霊は単一の存在ではなく、本質上「境域の小守護霊」と「境域の大守護霊」に分けられる。前章に述べたように、霊妙な身体部分(エーテル体とアストラル体)の内部で、意志、思考、感情の間の結合帯が解けはじめたとき、人間は前者の守護霊と出会い、この結合帯の解消が身体の肉体的部分(特に頭脳)にまで及ぶとき、「境域の大守護霊」と向き合う。

「境域の小守護霊」は独立した存在であるが、相当する発展段階に到る以前の修行者にとってその存在はどこにも見出せない。ここで、この守護霊のもっとも本質的な特質を若干述べておこう。

修行者と境域の守護霊との出会いは、はじめ物語形式で述べるべきかも知れない。この出会いによってはじめて、思考と感情と意志の中に植え込まれていた結びつきが解けてしまったことを修行者は意識するようになる。

思わず怖気立《おぞけだ》つような、妖怪じみた存在が修行者の前に立っている。これに向き合う修行者はまったく透徹した意識を持っており、これまでの修行で十分身につけてきた自分の認識力の確かさについてはまったく自信を持っている。

「守護霊」は自分の存在の意味をほぼ次のような言葉で語る。「これまではおまえの眼にふれることのなかった霊的な力がおまえを導いてきた。それらの力はこれまでのおまえの人生の中でおまえの善行には良い恵みが、おまえの悪行には悪い報いが来るように働きかけてきた。それらの影響を通して、人生経験と思索をもとに、おまえは自分の性格を作り上げてきた。おまえの運命はこれらの力の働きの結果なのだ。それらはおまえの輪廻転生の一時期に割り当てられた快と苦の量を、前世におけるおまえの態度に従って決定した。それらの力は一切を包括するカルマの法則の形式をとって、おまえに対する支配力を行使してきた。ところが今これらの力がその支配権の一部を手放そうとしている。そしておまえに対して為してきた仕事の一端はおまえが代りに果さなければならない。——これまで何度も厳しい運命の打撃がおまえを襲った。おまえはその理由を知らなかったであろうが、それはこれまで繰り返されてきたおまえの人生の中の或る時期に、おまえが為した有害な行為の結果だったのだ。おまえは幸せを摑み、喜びを見出し、それを受け取ってきた。これらも以前の諸行為の結果だった。おまえの性格は美しい面と醜い汚点とを併せもっている。おまえはこの両方をこれまでの思索と体験を通して、自分で作り出してきた。おまえはこれまでこのことに気づかず、ただその結果だけを問題にしてきた。しかしカルマの力はおまえのこれまでの行い、これまでおまえの心の奥底に秘めてきた思いや感情のすべてを見てきた。そしてそれによって、おまえを今ある通りの、今生きている通りのおまえにした。

しかし今、おまえの過去の一切の良き面と悪しき面とがおまえ自身に明示されねばならない。それらのすべては、これまでおまえ自身の存在の中に織り込まれてきた。それらはおまえ自身に内在していたが、おまえがおまえの頭脳の内部を見ることができないように、それらを見ることができなかった。しかし今、それらはおまえの内部から取り出され、おまえの人格の外へ出る。そしておまえの眼が、外界の石や木を見るように、見ることのできる独立した形姿となる。そして――この私こそがその形姿なのだ。私のこの形姿はおまえの高貴な行いと悪しき行いを素材として作られている。私のこの妖怪じみた姿はおまえ自身の生活の会計帳簿を映し出している。これまでおまえは私の姿を見ることもなく、私をおまえ自身の中に担ってきた。しかしそうしてきたことはおまえにとって幸いだった。なぜならおまえの運命がおまえの眼から隠されていたからこそ、これまでも私の形姿の醜い汚点を消そうとして、運命の叡智はおまえの内部でひそかに仕事を続けてこられたのだから。今、私がおまえの外へ出てきたことによって、この隠された叡智もまたおまえから離れる。それはもはやおまえのことなど構おうとしないだろう。そして仕事をおまえ自身の手に委ねるだろう。しかしこれからも私が堕落することは許されない。私はますます完全な、偉大な存在にならねばならない。もし私が堕落するようなことにでもなれば、おまえも私と一緒に暗い奈落に引きずり込まれるだろう。——そうされたくないのなら、おまえ自身の叡智を研《みが》き、おまえから去って行ったあの隠された叡智の課題を引き継がねばならない。——おまえが一旦私の守護するこの境域を通過したなら、もはや私がおまえの眼の前から消え去ることはない。もしその後にもなお、不正な行いをおまえがするようなことになると、直ちにおまえのその罪は私の姿を醜い悪鬼に変身させるだろう。おまえがこれまで己れの犯してきたすべての不正行為に結着をつけ、もはや悪行を重ねることがまったく不可能な程に、自己を浄化させたなら、その時はじめて私は光輝く壮麗な形姿に変じるだろう。そしてそれからのおまえの活動の光栄のために、ふたたび私をおまえと合一させるだろう。

しかし私のこの境域はおまえ自身の中にまだ残っている恐怖感と、思考や行為のすべてに責任を背負おうとすることへの恐れとをすべておまえが捧げることによって、築かれている。おまえが運命を自分で導くことに対して感じる何らかの恐怖をすべて手放そうとしない限り、この境域が必要とするものすべては、まだ全部そろわない。たった一つの敷石が欠けていても、おまえはこの境域に呪縛され、立ち止まるか、躓くかしてしまうだろう。おまえが完全に恐怖から自由となり、どんな責任も引き受けられると感じるようになるまで、この境域を通り抜けようとしてはならない。

これまで私は、死がおまえをこの世から引き離した時にしか、おまえの人格の外へ出たことがなかった。しかしその時にも、私の姿はおまえの眼から隠されていた。おまえを導く運命の力だけが私を認め、私の示す容姿から判断して、死と新生の間の休息期間に、おまえのためにしかるべき能力を育成してきた。この能力は、新しい地上生活を通して、私の姿をより美しいものにしようとするおまえの未来の光栄のために、新しい生誕に際しておまえに与えられる能力である。運命の力が繰り返しておまえを地上に受肉させるのは、私自身がまだ不完全な姿を示しているからに他ならない。おまえが死んだ時、私はそこにいた。そしてその私の進歩向上のために、カルマの導き手は、おまえがふたたびこの世に生を受けるように定めたのである。もしおまえが転生を通して、無意識的にでも、私を完全な存在にすることができたとしたら、そのときおまえはもはや死の力の手に落ちず、私との完全な合一の中で、不死なる存在となっていたであろう。

私はおまえの死の瞬間にも、これまでは眼に見えぬ姿でおまえの傍らに立ってきたが、今日は眼に見える姿でおまえの前に立っている。私が守護するこの境域は、これまでのおまえが死後入っていった諸領域と感覚的世界との境にある。これからおまえはこの諸領域の中へまったき意識を持って歩み入る。これからは、地上で肉体を保持し続けながら、同時に死の国で、否永生の国で、生きることになる。私は事実、死の天使でもある。しかし同時に不滅の霊的生活の提供者でもある。生身のままで、おまえは私を通して死を体験し、それによって不滅な存在への再生をも体験する。

今おまえが足を踏み入れるこの領域は、超感覚的存在者達をおまえに引き合わすだろう。この領域でおまえは祝福をうけるだろう。しかしこの世界での最初の出会いは、おまえ自身の運命の所産であるこの私自身との出会いでなければならなかった。これまで私は、おまえ自身の生活を生きてきた。しかし今私は、おまえを通して、私自身の存在に目覚めた。そしておまえの前で、おまえの未来の行為の眼に見える規範となり、おそらくはまたおまえのたえざる叱責者となる。おまえは私を創造することができた。しかしそうすることによって、おまえは同時に私をたえず改良し続ける義務をも背負ったのである」。

以上に物語形式をとって暗示したことは、単なる象徴的な表現と受け取ってはならない。以上は神秘修行者のこの上もなく切実な体験の再現である。註

註 以上に述べたことから明らかなように、この「境域の守護霊」はアストラル的形姿であり、修行者の高度な霊的直観によって知覚される。そして神秘学はこのような霊的直観を教える。低い魔術の儀式は、この「境域の守護霊」を感覚的知覚の対象にする。その場合、特定の材料を混ぜ合わせて作った香の精妙なる香煙が用いられる。魔術師の特別な力がこの香煙に働きかけ、まだ結着のついていない人間のカルマの力でその香煙に生きた形姿を与えるのである。――霊視の行を十分積んだ者は、このような感覚的形姿に頼る必要はない。もし人が十分の準備なしに、人間のまだ結着をつけられていないカル

マの感覚的に生きた存在と向き合うなら、禍多い邪道に陥る危険が生じる。このような魔術を求めるべきではない。ブルワー・リットン卿の小説『ザノニ』の中には、この境域の守護霊についての文学的な記述がある。

以上に述べた守護霊の要求に応じようとする力がまだ自分の中に感じられない人に対して、守護霊は、それ以上先へ進まないように、警告するであろう。たとえどれ程恐ろしい姿に見えようとも、この守護霊の姿は修行者自身の過去の生活の結果に過ぎない。その姿は過去の生活が作り上げた修行者の性格である。生活の結果が彼の外で独立した生存をいとなめるまでに覚醒されたのである。そしてこの覚醒は、意志と思考と感情が相互に分離しなければ惹き起されない。——神秘道にとって、この体験は極めて重要な意味をもっている。この体験を通してはじめて、自分こそが或る霊的存在にその根拠を与えたのだ、と感じることができるからである。——修行者は今、どんな恐怖にも負けずに、この恐ろしい姿を直視できるように、そして出会いの瞬間に「守護霊」をもっと美しい存在にしようという要求を明瞭な意識と共に持ちうる力が十分感じられるように、心の準備を整えなければならない。

境域の守護霊との出会いを幸いにも通過できた修行者が死の瞬間を迎えたとき、その死はこれまでの前世で体験してきた死とはまったく異なる事実として受けとめられる。死がまったく意識的に体験され、まるで使い古しの、または使いものにならなくなった衣服を脱ぎ捨てるように、彼は自分の肉体を脱ぎ捨てる。死が修行者にとって、特別に大きな事件であるのは、彼と共に生きてきた人たちとの別離としてであり、そしてまだ物質世界だけを現実世界と考えている人たちのことを考えてである。そのような人たちにとって、修行者は「死んでしまった」。しかし修行者自身にとっては、周囲に特別の変化は見られない。彼が生前体験してきた超感覚的世界はすべて、生前は生前に応じた仕方で自分の前に現存していたし、死後も死後に応じた仕方で自分の前に現存し続けている。さて、この「境域の守護霊」は別な事柄とも関連している。この世の人間は家族、民族、人種に属し、その働きはどのような共同体に属しているかによって左右される。彼自身の性格もこのことと関連している。そして個々の人間の意識活動だけが、家族、血族、民族、人種との関係で顧慮すべき事柄のすべてではない。家族の性格、民族の性格等々が存在しているように、家族の運命、民族の運命等々もまた存在している。自分の感覚的知覚の中に留まる人間にとって、このような事柄は一般的な概念でしかないであろう。唯物論者は、家族や民族の性格、種族や人種の運命が現実の人間の性格や運命と同じ現実的存在形式を持っているという神秘学者の主張に対して、冷笑を投げかけるであろう。しかし神秘学者はちょうど頭や手足が人間の一部であるように、個々の人間自身が同様の意味でその手足であるところの高次の諸世界（魂界、霊界）を知っている。その意味で家族、民族、人種のいとなみの中には、個々の人間を離れてもまったく現実に存在する家族の魂、民族の魂、人種の霊が働いているのである。個々の人間とは、或る意味では、これら家族の魂、人種の霊等々の単なる執行機関であるに過ぎないといえる。たとえば或る民族の魂がその民族に属する個々の人間を用いて、特定の仕事を成就させるということはまったく真実である。民族の魂は自己の意図を物質的な感覚世界で実現するために、個々の人間の肉体を道具として使用する。それは、次元は違うが、あたかも建築家が建物の細部を仕上げるために、職人を使うのと共通している。――どの人間も、言葉のもっとも真なる意味で、家族の、民族の、もしくは人類の魂から自分の演じるべき役割を与えられている。けれども感覚的人間は自分の仕事のこのような高次の計画については決して知らされていない。彼は無意識的に民族や人種の魂の意図に従って働いている。修行者は、境域の守護霊と出会った時から、彼自身の個人的な立場を意識するのみならず、民族や種族によって与えられた使命に対しても意識的でなければならない。彼の視野が拡がるにつれて、彼の果すべき義務範囲もまた拡がる。このことの現実の過程は修行者が自分のアストラル体に新しいアストラル体をつけ加える過程である。彼は着物をもう一枚身にまとう。これまでの彼は、彼個人だけを包む魂の衣服を着けて、世界を生きてきた。そして彼が自分の属する共同体のために、民族や人種のために、為すべき事柄については、彼個人を道具として用いる高級霊たちが考慮してきた。――さて「境域の守護霊」は、今後高級霊たちが彼から一切配慮の手を引くであろうと彼に打ち明ける。彼は共同体の温床から出ていかなければならない。今もし民族霊や種族霊の力を身につけておかなければ、彼は孤立した存在となって、完全に自分の中に凝り固まり、破滅の道を進むことになるであろう。多くの人は言うであろう。「ああ、やっと私は一切の民族的、人種的なしがらみから自分を自由にした。私は単なる『人間』でありたい。『人間以外の何もの』にもなりたくない」。そのような人に対しては、次のように言わなければならない。「それでは一体誰がおまえをそのような自由な身にしてくれたのか。おまえが今生きているような仕方で、おまえを世の中に導き入れてくれたのは、おまえの家族ではなかったのか。おまえを現在のおまえにしてくれたのはおまえの血族、おまえの民族、おまえの人種ではなかったのか。それらがおまえを教育してくれた。そしてもしおまえがすべての偏見から離れることができ、おまえの血族や、さらにはおまえの人種の指導者となり、恩人になるとしたら、それは血族や民族や人種の教育のお陰である。おまえが人間以外の何ものでもないと考える時でさえも、そしておまえが実際そのような存在になったという事実さえも、おまえの共同体の指導霊たちのお陰なのだ」。——民族の、血族の、そして人種の指導霊の指導の手からまったく離れるということが何を意味するか、今はじめてそれを認識するようになる。今彼は、これから歩もうとする人生にとって、すべてのこのような教育が如何に意味を失ってしまったかを経験する。なぜならこれまで関係してきた一切の事柄は、意志と思考と感情の絆が断ち切られたことによって、完全に解消してしまうからである。彼は今まで受けてきた教育のすべてを振りかえる。それはまるで、煉瓦がすべて崩れ落ち、今またふたたびその一つ一つを新たに積み重ねていかねばならない崩壊した屋敷を眺めるかのようである。さて境域の守護霊がこの最初の警告を語り終ると、その立っていた場所から、旋風が巻き起り、これまでの人生行路を照らしていた灯りを吹き消してしまう。このことも単なる比喩と考えてはならない。今や修行者の前に完全な闇が拡がる。境域の守護霊自身から放射される輝きが、その闇を時折中断するだけである。そしてこの暗闇の中から、この守護霊の次なる警告の声が響いてくる。

「おまえ自身、この闇に光を当てることができるまでに輝け。それができぬ間は、私の境域を通過しようとするな。おまえ自身のカンテラに十分燃料が備わっていると確信できるまで、一歩も前へ進もうとするな。これまでおまえを導いてきた者たちの明りはもはやこれからは存在しないのだから」。この言葉を聴いて、修行者は思わず振り向き、眼差しを後ろへ向ける。すると境域の守護霊はこれまで人生の深い秘密を覆っていたカーテンを取り払う。血族、民族、人種の守護霊たちがそのありのままの姿を現す。そして修行者は自分がこれまでどのように導かれてきたのかを明らかに悟るのみならず、今後もはや、このような指導を受けることはないであろうと悟る。これが霊界への境域で、その守護霊によって与えられる第二の警告である。

ここに述べられた情景は心の準備ができていない者には到底見るに耐えられぬであろう。しかし、そもそもこの境域にまで進むことを可能にした高次の修行が、この瞬間に、必要な力を見出せるようにしてくれる。修行の調和的な力が新しい生への参入の過程から、一切の騒々しい煽動的な性格を取り除く。そして修行者は、この境域での体験に際して、新たに目覚めた人生の基調となるべき、あの浄福の予感を持つ。新しい自由の感情が他のすべての感情を圧倒する。そしてそれとともに、新しい義務感、新しい責任感が彼の心中に生じる。彼はそれをこれから持ち続けようと考える。

生と死——境域の大守護霊

前章では、いわゆる「境域」の小守護霊との出会いが人間にとってどれ程重要なものであるかについて述べた。この出会いを通して人間は、小守護霊という超感覚的存在を生み出したのが自分自身であったことを知った。この存在の体は人間自身の行為、感情、思考の諸結果から構成されていた。この諸結果をこれまでは見ることができなかった。しかし、この眼に見えぬ働きこそが、人間の性格と運命とを作り出す原因だったのである。どれ程人間が過去の間に現在のための基礎を作り上げてきたか、今やそれが明らかにされる。人間の本質がそれによって、或る程度まで分ってくる。自分の中にある特定の傾向や習慣が、なぜそのような在り方をしているのか、今彼はそれを理解することができる。運命の打撃が彼を襲ったとしよう。今彼は、それがどこからやってきたのかを明瞭に認識する。なぜ自分がこの人を愛して、あの人を憎むのか、このことに幸せを感じ、別のことに不幸せを感じるのか、今彼はその理由を理解する。眼に見える人生の諸相が、眼に見えぬ諸原因を知ることを通して、今、理解できるものとなる。人生の基本的な諸現実、病気と健康、死と誕生がその意味を彼の前に明らかにする。自分が生れる以前に、ふたたびこの世に生を受けねばならぬ原因がすでに作り出されていたことに、彼は気づく。自分の内なる本性は、眼に見えるこの現実世界の中では、まだ不完全な形でしか形成されていないこと、その不完全さは同じこの世の現実の中でしか、完全にすることができないこと、それが今彼にとって明らかとなる。なぜなら自己のこの本性を育成しうる機会は、他のどんな世界の中にも存在しないからである。さらにまた、死がこの世の現実から彼を永久に遠ざけるものではないということをも、彼は洞察する。事実彼は次のように考えない訳にはいかない。「私がかつてこの世界にはじめて生を受けたのは、この世に生きて、他の世界の中では手に入れることのできぬ諸性質を身につける必要があったからであった。私はこれからもこの世界との結びつきを保ち続けねばならない。そしてこの世の現実の中で獲得できるすべてのものを、自分の中に取り入れなければならない。そうすることによってのみ、いつか私も他の世界のための有用な一員になれるであろう。そのためにも眼に見えるこの感覚的現実の中でのみ育成することが可能な能力はすべて、手に入れなければならない」。――感覚的に把握しうる世界の本当の価値が、修行以前よりも、もっと深く認識でき、評価できるということは、霊界に参入した者の体験内容のもっとも重要な部分である。この認識と評価は、超感覚的世界の洞察を通して、彼のものになる。このような洞察ではなく、予感だけを通して、超感覚的領域が無限に価値多い世界であると信じようとする人は、感覚世界の意味を過小に評価してしまいがちになる。しかし可視的な現実の中で必要な体験を獲得することができなければ、不可視的な世界の中でも、必要な洞察力を持ち得ない。不可視の世界の中に生きるつもりなら、そのために必要な能力や手段を可視的な世界の中に求めねばならない。不可視の世界を意識化しうるための霊的洞察力、「高次の」世界のための視力は、「低次の」世界での諸体験を通してこそ、次第に形成されていく。肉眼を母の胎内で形成できなかった子どもが、盲目に生れつかざるを得ないように、この世で霊眼を開発しなかった人は、霊眼を備えた者として霊界の中を生きることができない。

この点を考えれば、超感覚的世界への「境域」が「守護霊」によって守られている理由が理解できよう。そのための必要な諸能力が獲得できる以前には、霊界を本当に洞察することは許されないのである。それ故死と共に、まだ霊界での活動能力をもたぬ人が霊界へ入っていくと、その度毎に、ヴェールが霊界の体験内容を覆ってしまう。そのための能力を十分成長させた者だけが霊界を意識的に体験することを許される。

修行者が超感覚的世界へ参入するとき、その人生はまったく新しい意味を持つようになる。感覚世界の中に、「高次」の世界のための苗床が作られるようになる。「低次」の世界なしの「高次」の世界は或る意味で欠陥のある世界であるように、修行者には思われる。二つの展望が彼の前にひらけてくる。ひとつは過去への展望であり、他は未来への展望である。彼は感覚世界がまだ存在しなかった頃の過去を見る。超感覚的世界が感覚世界から発展してきたのだという先入見は、とうに否定されている。超感覚的世界が最初に存在したのであり、すべて感覚的なものはここから発展してきたのである。彼は、自分自身もまた、感覚世界にはじめて生れてくる以前は、或る超感覚的世界の一員であったことを知る。しかしこのかつての超感覚的世界は感覚世界への移行を必要とした。その世界はこの移行なしにはそれ以上発展しえなかったであろう。感覚的な領域の中で必要な能力を発展させえた存在が現れたときはじめて、超感覚的世界もさらに前進する。そしてそのような存在こそが人間なのである。人間は、現在の姿が示しているような、霊的存在としての不完全な段階から出発して、その不完全さの中で完全な方向に導かれつつ、高次の世界の中で働くことができるようになろうとしている。——ここに未来への展望が結びつく。未来への展望は超感覚的世界のさらに高い段階へ修行者の眼を向ける。そこには感覚世界の中で成熟しえた果実が存在する。それによって感覚世界そのものが克服され、その果実は高次の世界に同化される。

この展望とともに、感覚世界における病気と死に対する理解も与えられる。死とは、かつての超感覚的世界がもはや自分自身によってはそれ以上前進できない地点にまで到達してしまったことの表現以外の何ものでもない。もしその世界が新しい生命の注入を受けなかったなら、全体的な死を避けることはできなかったであろう。したがってこの新しい生命のいとなみは全体的な死に対する戦いとなった。死滅し、凝結しつつある世界の残滓から、新しい世界の萌芽が現れる。そのようにして、われわれはこの世で死と生を持つ。そしてゆっくりとこの二つが互に移行し合う。古い世界の死滅しかかった部分には、新しい生命の萌芽が内包されている。このことのまったく明らかな表現がまさに人間自身の中に見出される。人間は古い世界から受け取ったものを自分の存在の莢として担っている。そしてこの莢の中で、未来に生きるべき存在の種子が育っていく。人間はこのようにして、二重の存在である。死すべき存在でもあり、不滅の存在でもある。その死すべき部分は終末の状態に、不滅の部分は発端の状態にある。しかし感覚的、物質的な存在形式が示すこの二重世界の内部において<ruby>は</ruby>じめて、人間は世界に不滅性をもたらすための能力を獲得する。事実、人間の使命は死すべきものの中から不滅なもののための果実を取り出すことである。それ故人間は自分が過去において、いかに自分の存在を作り上げてきたかを回顧するとき、次のように考えざるを得ない。「私は自分の中に死滅する存在部分を担っている。それらの部分が私の中で働いている。私は辛うじてわずかずつではあるが、それらの中に含まれた死の力を新たに甦る不滅の要素によって打破することができる」。そのようにして人間の道は死から生へと進む。人間がもしも明瞭な意識を失わずに、死の瞬間に、自分に語りかけることができるとすれば、彼はこう語るに違いない。「死すべき存在こそが私の師だったのだ。私が今死ぬのは、その中に私自身が織り込まれている過去の一切の結果である。しかし死すべきものの畑は、私の中の不滅なものの種を実らせてくれた。その果実を今、私は他界へ持ち込もうとしている。過去にこだわり続けていたなら、私は決してふたたび生れてくることができなかったであろう。過去の生活は、誕生のときには、もう終っている。感覚生活は新しい生命の萌芽を通して、単なる死から救い出されるのだ。誕生から死までの間は、どの位新しい生命が死滅する過去から救い出されるかを表現しているに過ぎない。そして病気とは、この過去の死滅する部分の継続に他ならない」。

なぜ人間は誤謬と不完全さの中からこんなにもわずかずつしか、真と善の方向へ向って努力していくことができないのか。この問いに対する解答は、以上すべてのことの中に見出される。人間の行為、感情、思考は、さしあたり、死滅する無常なるものの支配下に立っている。肉体の感覚器官もこの無常なるものから成り立っている。それ故この諸器官並びにそれらを行使する一切は無常にも移ろう。本能、衝動、情熱などや、それらが行使する諸器官もまた不滅ではありえない。しかしこれらの器官の所産として現れるものの中には、不滅なものが見出される。人間が無常なるものから作り出せる不滅なもののすべてを作り出したとき、はじめて彼は自分が成長してきた地盤である物質的感覚世界から離脱することができるのである。

このようにして第一の「境域の守護霊」は人間の似姿を無常なものと恒常なものとの混合した二重存在として表現した。そして人間がふたたび純粋霊界に住むことのできる尊い光の姿に達するようになるには、何が人間に欠けているかをはっきりとその似姿を通して示してくれた。

自分がどの位物質の感覚的な作用の中に巻き込まれているかを、人はこの境域の守護霊によって、はっきりと悟らされる。人間と肉体の感覚的作用との係わり合いは、さしあたり、本能、衝動、欲望、利己的願望、あらゆる種類の私利私欲となって現れ、さらには人種や民族の一員であることにおいて現れる。その意味では民族や人種も純人間的なものへ到る発展段階の一つに過ぎない。人種や民族は、その成員たちが理想的な人間としての在り方をより完全に表現していればいる程、彼らが無常なる物質的存在から脱して、不滅の超感覚的存在へ到達しようと努力すればする程、より高い霊的地位を獲得する。それ故人間が輪廻転生を通して、時代と共にますます高い霊的水準に向う民族や人種の中で進化を遂げていくことは、ひとつの解脱の過程である。かくして最後には、個人がそれぞれ調和的な完全な姿で現れねばならない。——同じように、ますます純粋な道徳的宗教的立場に到達しようとする過程は完全さへの無限の努力の一過程であるといえる。なぜならどんな道徳的な段階にも理想主義的な未来への萌芽とともに、過去への執着が含まれているからである。

さてこの第一の「境域の守護霊」の中には、過ぎ去った時間の成果しか現れていない。

未来の萌芽は、この過ぎ去った時間の中に織り込まれている限りのものしか含まれていない。しかし人間は未来の超感覚的世界の中に、これからも感覚世界から取り出すことのできるものはすべて持ち込まねばならない。人間が自分のこの似姿の中にただ自分の過去の所産だけしか織り込もうとしないなら、地上の使命をただ部分的にしか達成しないことになる。それ故しばらくすると、この「境域の小守護霊」のところに大守護霊が加わってくる。ここでふたたび、この第二の「境域の守護霊」との出会いの情景を物語形式で表現してみよう。

自己を解脱させるには何をすべきなのかを悟った修行者の道の行く手に、崇高な光の姿が現れる。その壮麗な姿は到底筆舌には尽し難い。――この出会いが生じるのは、思考、感情、意志の諸器官が肉体的にも互に分離してしまい、それら相互の関係の規整がもはやそれら自身ではなく肉体の諸条件からまったく独立した高次の意識によって為されるようになったときである。そのとき、思考、感情、意志の諸器官は、超感覚的な領域からそれらを支配する人間の強力な魂の道具になっている。――このようにしてすべての感覚的な束縛を脱した魂に、今第二の「境域の守護霊」が立ち現れ、次のように語る。――

「おまえは感覚世界からの束縛を脱し、超感覚的世界の市民権を獲得した。今後は超感覚的世界から働きかけることができる。おまえは自分自身のためには、現在所有しているおまえの肉体を、もはや必要としない。おまえがこの超感覚的世界に住むことだけを求めるとすれば、もはや感覚世界の中に帰る必要はないであろう。しかし私の姿を見なさい。そして今日までおまえが作り出してきたすべてのものに較べて、どれ程この私の姿が限りなく崇高に見えるか、あらためて考えなさい。おまえが感覚世界に生き、その中で獲得してきた能力によって、おまえは現在の完成段階にまで到達した。しかし今からおまえは、解脱によって得た力をこの感覚世界のために役立たせねばならない。これまでおまえは自分自身の救済のみを計ってきた。解脱した今、感覚世界に住むすべてのおまえの仲間たちの救済のために働かねばならない。これまでおまえは一人の人間として努力してきた。これからは全体の中に自分を組み入れる必要がある。そしておまえだけではなく、感覚世界に生きる他のすべての人々をも、超感覚的世界へ導こうと努めねばならない。その過程でいつかはおまえも、私の姿と合一することができよう。しかしまだこの世に不幸な人の存在する限り、私は祝福をうけた存在になりえない。すでに解脱した者として、おまえはすぐ今日にも超感覚的世界の人になりたいであろう。しかしそうしたらおまえはまだ救われざる地上の存在たちのためには、ただ高いところから見下すことしか為しえない。それはおまえの運命を彼らの運命から切り離してしまうことを意味する。しかしおまえたちはすべて、互に結ばれ合って生きてきた。おまえたちはすべて、感覚世界の中へ降りていっては、そこから高次の世界へ向う力を取り出してきた。もしおまえが彼らから自分を切り離してしまうなら、彼らとの共同体の中で育成することができたその力を、おまえは自分のためだけに乱用することになる。彼らが感覚世界の中へ降りていなかったら、おまえもそうすることはできなかった筈である。彼らがいなければ、超感覚的存在となりうる力をおまえは獲得できなかったであろう。おまえが彼らと共に獲得したこの力を、おまえは彼らにも分け与えねばならない。だからおまえが身につけたすべての力をおまえの同胞たちの救済のために使い果さぬ限りは、超感覚的世界における至高の諸領域へおまえを参入させる訳にはいかない。すでにこれまでに獲得することができた力で、おまえは超感覚的世界の低次の諸領域に滞在することはできる。しかし私は『天国の門前に立って、火の剣を手に持つケルビームとして』高次の諸領域の門前に立つ。そして感覚世界で使い果さなかった力をおまえがまだ残存させている限り、その中への参入をおまえに許さない。もしおまえがおまえの力を使わないなら、他の誰かが代りにその使命を遂行するであろう。そのようにして高次の超感覚的世界は感覚世界のすべての果実を受け取る。しかしおまえはこれまで親しんできた土地を取り上げられる。浄化された世界がおまえの頭上に展開されても、おまえだけはそこから閉め出されるであろう。そのようにしておまえは黒い道を行き、一方おまえが差別してきた人々は白い道を行くことになる」。

このような仕方で「境域の大守護霊」は第一の守護霊との出会いの後、まもなく自己を現す。しかし一度霊界に参入した者は、自分が未熟なままに高次の超感覚的世界に踏み入りたいという誘惑に陥るとき、何が自分を待ち受けているかを正確に理解している。筆舌に尽し難い壮麗な輝きが第二の境域守護霊から発している。この霊とひとつに結ばれることは、それを見る魂にとって、はるかな、しかし切実な努力目標である。しかしこの目標の存在と同様に確かなことは、現界から得たすべての力を現界の解脱と救済のために費したときはじめてこの合一が達成される、ということである。超感覚的な輝きを示すこの霊姿の要求に応じようと決心すれば、人類の解脱と救済のために寄与することができるであろう。そのようにして人は人類の祭壇上に供物を捧げる。彼が超感覚的世界への解脱を必要以上に早めるとき、人類の大きな流れは彼の頭上を通り過ぎていく。

自分のことだけを考えれば、解脱した人が感覚界から新しい力をさらに取り出す必要はない。それにもかかわらず感覚界のために自分を捧げようとする行為は、これからの活動の場所から自分の利益を引き出すのを断念することを意味する。このような決断の前に立たされたとき、人が常に白い道を選ぶという保証はどこにもない。この決断に当っては、自分の利己心が浄福への誘惑に陥らずにすむほどにまで、修行ができているかどうかに、すべてがかかっている。なぜならこの誘惑こそ考えられうる最大の誘惑だからである。そしてこれ以外には本来特別な誘惑など存在しない。ここまでくれば、何ものもそれ以外に利己心に訴えかけてはこない。人間が高次の霊的諸領域で受け取るであろう事柄は外から彼の方へ来るのではなく、もっぱら彼から発して外へ向うところの、周囲に対する愛である。黒い道には利己心の要求がまったく不可欠である。そしてこの小道の成果は利己心の完全な満足に他ならない。それ故もし誰かが自分のために浄福感を求めるなら、その人は確実にこの黒い道をさまようことになる。黒い道こそ利己心にとってふさわしいからである。——それ故自分の利己的な目的のための指針を白い道を歩むオカルティストから得ようと期待することはできない。誰がどのような浄福感に充たされているか、このオカルティストはまったく興味を示さない。そのような浄福感は各人が自分で手に入れればよいのである。それを早く手に入れられるようにすることは白いオカルティストの課題ではない。白いオカルティストにとっては、もっぱら一切の存在、人間とその仲間たちの進化と解脱とが問題なのである。それ故彼は、どうしたら進化と解脱を達成する力が育成できるのかについてのみ指導する。彼は没我的な帰依と献身を他のすべての能力以上に尊重する。彼はどんな人間をも直ちに退けたりはしない。なぜならもっとも利己的な人間といえども、浄化されることがありうるからである。しかし自分のためだけに何かを求める人は、そのような態度をとる限り、オカルティストのもとで何の期待も充たしてはもらえないであろう。たとえそのオカルティストがこのような人に対して喜んで救いの手を差しのべるとしても、である。彼は利己的な探求者として、この救いの成果には無関心である。したがって本当に優れた導師の教えに従う人は、境域を通過したあとで、大守護霊の語る諸要求を理解するであろう。しかしそのような教えに従わなかった人は、この教えを通して霊界の境域にまで達する日を期待することができない。導師の教えは善に到らしめるか、もしくはまったくの虚無に到らしめる。なぜなら利己的な浄福感を充たすこと、ただ超感覚的世界だけを知ることは、このような導師の課題の外にある事柄だからである。したがって弟子が自分の意志で献身的に共に働こうとするようになるまで、弟子を超地上的世界から引き離しておくことも導師の使命である。

第八版のあとがき

本書に記した神秘道を修行する者にとって、特別に大切なのは、修行で得た魂の体験を錯覚や誤解で歪めぬことである。本書が考察の対象としてきた事柄について、人はともすれば考え違いをしがちになる。特に霊学上真実なる魂の体験領域が迷信、白日夢、霊媒術のような霊的努力の退行現象と取り違えられることが多い。それは危険な錯覚を生み出すであろう。しばしばこの取り違えは、本当に霊的な認識を求める努力をせず、そのため今述べた退行に陥ってしまう人と本書に記された道を歩もうとする人とを混同することによって生じる。人間の魂が本書に記された道を歩む場合、その体験内容はすべて純粋に霊的、魂的な経験分野で得られる。この体験に際しては——ちょうど日常の意識が、外的な知覚や内的な願望、感情、意志そのものとは別に、それらについての思考内容を作ることができるように——体験そのものを身体生活から自由に独立させることができなければならない。しかし思考内容を自由に独立させることがそもそも不可能だと考える人もいる。そのような人にとっては、知覚や身体からの制約を受けぬような内面生活など存在しないし、したがってそのような制約を受けぬ思考内容なども存在しない。したがって一切の思想は知覚内容もしくは魂的諸体験のいわば影像に過ぎなくなってしまう。他に依存せぬ純粋な思考を体験したことのない人はこのような立場に立たざるをえない。しかし純粋な思考をもって、魂における他の諸活動に働きかけることができる人は、肉体の作用がまったく認められぬような思考過程が存在することを、経験的に知っている。日常生活をいとなむときの魂は、ほとんどの場合、常に思考を、知覚、感情、意志のような他の魂的活動と結びつけている。思考以外の諸活動は肉体を通して生み出される。しかし思考がこれらに働きかけるとき、その働きかけの度合に応じて、人間の中に、人間を通して、肉体との係わりをもたぬ何かが生じる。この経過が肯定できない限り、人は魂の他の諸活動に制約された思考活動が生み出す幻影や錯覚から免れることができないのである。とはいえ、どんな人にも内面生活における思考部分を、それ以外のすべての部分から切り離して経験しうるまでに魂の自己集中を行うことは、可能である。魂の活動領域の中から、もっぱら純粋思考のいとなみだけを取り出す。その際、純粋思考というのは、自分自身の中にのみ基礎をもち、肉体的に制約された内面生活（知覚その他）をすべて排除することのできる思考のことである。このような思考は、自己自身で、自己の存在だけを通して、みずからが霊的＝超感覚的な本質存在であることを明示する。そして一切の知覚活動、記憶その他の魂的活動を排除しつつ、魂がこの純粋思考だけと結びつくとき、魂は自分がこの思考と共に超感覚的領域の中にあることを悟る。それは肉体外での魂の自己体験である。このような事柄全体が洞察できるようになれば、「魂は肉体を離れても超感覚的内容を体験できるのか」とあらためて問う必要はもはやない。なぜならこの疑問は、彼が経験上知っている事柄をわざわざ無視するようなものになってしまうからである。その人にとっては「人々がこれ程確かな事実を認知できないのは何の妨害によるのか」と問うことだけが残されている。そしてこの問いに対する答えは、いくら確かな事実であっても、人々がこの事実を体験できなければ、事実とはなりえない、ということにある。肉体から離れた事柄を認識するためには、まず純粋に魂だけで認識行為が為されねばならない。しかしはじめのうちは当然そのような行為に確信が持てない。人は信じる用意を自分で整えたのだ、自分でその確信を作り出したのだ、と信じたがる。自分の方からは何も手を加えず、まったく受動的な状態に留まっている時の経験の方を人はむしろ欲する。これとは逆にそのような人が、科学認識上の基本条件さえも知らなかったような場合には、単純な意識活動に属する知覚や欲求よりもさらに低次の魂のいとなみをも、非感覚的存在の客観的な顕現であるかのような錯覚に容易にとらわれてしまう。しかしこのような場合、魂の生み出す内容は幻覚でしかなく、その顕現は霊媒現象以上のものではありえない。——そのような顕現によって示される世界は超感覚的ではなく、前感覚的な世界であり、感覚界よりも低次の世界である。人間は覚醒時の意識生活を完全に肉体内部でいとなむのではない。意識の活動はなかんずく、肉体と周囲の物質界との境域でいとなまれる。知覚行為を例にとれば、感覚器官を働かせるとき、外なる存在の作用が肉体の中にまで働きかけると共に、肉体からもこの外なる存在への働きかけが為される。同様に欲望を満足させようとする場合にも、人間の本性が外なる存在に働きかける。それによって人間の内なる意志の働きが同時に外なる世界の出来事になる。肉体の境界上での魂のこの体験においては、人はかなりの程度肉体に依存している。とはいえ人間は、思考活動をそこに加える度合に応じて、知覚や意志の働きにおいても、自分を肉体から独立させていくことができる。一方、幻覚や霊媒現象の場合はもっぱら肉体に依存している。したがって肉体から独立した知覚や意志の働きは排除されている。それによって、魂の内容も魂の作業も、肉体活動の現れに過ぎなくなる。幻覚体験や霊媒現象は、通常の知覚活動や意志活動よりも肉体への依存度がさらに高い体験であり、現象である。本書に記された超感覚的体験の場合、魂の体験能力の向上は幻覚や霊媒術とはちょうど正反対の方向をとる。魂は知覚や意志の行為における場合よりも、もっと自己を肉体から解放する。魂は、純粋思考の場合と同じ独立性を、一層広範囲な活動分野にわたって達成する。

この意味で、魂の超感覚的な体験にとっては、純粋思考体験の洞察が特別重要になる。純粋な思考は、すでに魂の超感覚的な活動に属している。ただこの体験によっては、まだ超感覚的なものが見えてこない。純粋思考がすでに超感覚的な体験であるとはいえ、思考としての超感覚的なものだけが超感覚的な仕方で体験されるだけで、他の超感覚的なものはまだ体験されない。とはいえ本来の超感覚的体験は、このような純粋思考体験がすでに達成している魂の働きの継続であるべきなのである。だからこそ、思考と正しく結びつくことが神秘修行にとっては特別に重要なのである。この結びつきの意味を理解することによって得られる光は、超感覚的認識の本質への正しい洞察をも与えてくれる。思考によってもたらされる意識の光を魂が見失うような場合、たちどころにして、超感覚的認識は邪道に陥る。認識は肉体の影響下におかれ、認識の成果は超感覚的世界の啓示ではなく、感覚以下の存在領域における肉体の啓示となる。

＊

魂が超感覚的領域を体験し始めると、もはや言語は感覚界での体験内容を語るときのようには適切な表現を見出すことができない。したがって超感覚的体験の記述を読む人は、繰り返して、表現された事柄と表現そのものとの間の距離が物質界での体験を記述するときよりも大きいことに注意する必要がある。本書における比喩的表現も指示する事柄をいわばそっと暗示しているに過ぎない。その意味で本書の三八頁には次のように書かれている。「神秘学上の一切の規則や教義が象徴的な記号によって与えられている」。そして九四頁以下でも「象徴文字の体系」について語らざるをえなかった。その際当然、人は通常言語における音声記号やその組み合わせを学ぶような仕方で、このような象徴文字を学ぼうとするであろう。しかしそのような場合のために、ここで次のように言っておかねばならない。独自の象徴記号を用いて超感覚的事実を表現する霊学上の教派や結社は過去にもあったし、現在も存在している。その象徴の意味を伝授された人は、その意味する通りに自分の魂の働きを特定の超感覚的現実の方へ向けうる手段を手に入れた訳である。しかし超感覚的体験にとってもっと本質的なのは、むしろそのような象徴文字の内容を修行し体得することであり、そのときはじめて開けてくる超感覚的な体験を獲得していく過程の中で、魂自身が超感覚的内容を直観し、その直観を通して経験的にこの文字の意味するところを悟る行為である。このようにして超感覚的内容が魂に何事かを語るとき、魂はそれを象徴的な記号に翻訳し、すべての人がそれをまったき意識をもって見通せるものにしようとする。本書もまたこのような行為の所産である。本書の中に表現されている事柄はすべての人の魂によっても、まったき意識をもって体験されうる。そして本書を指針として、各人の魂がみずから行の実践に努めるなら、その過程の中に本書に記されているような諸成果が現れてくる。この書物は著者と読者との間に交される個人的な対話のようなものとして受け取られることを望んでいる。「神秘道の修行者は個人的な伝授を必要とする」と書かれてはいるが、このことは書物そのものがこのような個人的伝授なのだという意味に解釈されねばならない。かつてはこのような個人的伝授が秘密の口伝であらねばならぬ理由があった。今日では、時代そのものが霊学上の認識内容をかつてよりもはるかに広く普及させるべき意識段階に達している。以前とはまったく異なり、秘伝の内容はすべての人にとって、手のとどくものでなければならない。したがって書物がかつての個人的な伝授の代りをしなければならない。書物に述べられている事柄以上に、なお個人的な伝授が必要であると信じることは、条件つきの正しさしか持たない。勿論人によっては個人的な助けを必要とするであろう。そのような人にとってこの助けは重要な意味を持つであろう。しかし書物の中に見出せぬような重要な行法が他に存在する、と思うのは間違いである。正しく、特に完全に読むことさえできれば、書物の中にそのための要件がすべて含まれている。

*

本書は人間全体を完全に変化させるための指導書であるかのように見える。しかし正しく読めば、超感覚的世界に係わろうとする人にとって、どのような魂の在り方が必要であるか、ということ以外に何も語ろうとしていないことに気づくであろう。この魂の在り方を、人は第二の本性として自分の中に育成する。一方これまでの健全な本性もまた従来通りの仕方で生活し続ける。修行者は、二種類の本性を意識的に区別し、両者を相互に正しい仕方で作用させ合うことができる。そのようにして修行者はこの世の生活を無意味なものにしたり、人生に対する興味や能力を失ったり、「一日中神秘道の修行者」であったりする危険から護られている。勿論超感覚的世界の体験によって得た認識の光は、その輝きをその人の存在全体に投げかけるであろう。しかしそれは人を人生航路からそらせるような仕方で為されるのではなく、もっと有能な、もっと生産的な存在にするような仕方で為される。――それにも拘らず、本書が今読者の前に提供されているような記述内容にならざるを得なかったのは次のことに由来する。すなわち超感覚的なものに対する認識行為のためには人間の全存在が要求されるということ、それ故このような認識行為に没頭する瞬間には、人間のあらゆる力をそこに結集せざるを得ないということに。色彩を知覚するためには眼と視神経といった部分だけが要求されるとすれば、超感覚的認識行為は人間全体を要求するのである。人間全体が「眼」となり、「耳」となる。そうであるからこそ、超感覚的な認識の過程を述べるに際しては、人間の変革が問題であるかのように思えてくるのである。その結果、通常の人間は正しい在り方をしていない、まったく別の存在にならねばならない、と人は考えるようになる。

＊

一三九頁以下で「霊界参入の若干の作用について」述べたことに関連して、なお次の点を付記しておきたい。それはニュアンスを異にするが、本書の他の部分にもあてはまる事例である。読者の心中に次のような感想が生じる場合が考えられる。一体何のために超感覚的な体験を比喩的な仕方で具象的に表現しようとするのか。霊的体験は比喩ではなく、理念によって表現されるべきではないのか。このような疑問に対しては、次のように答えざるを得ない。超感覚的現実を体験する際には、超感覚的世界そのものの中で、自分もまたひとつの超感覚的存在なのだと知ることが大切である。感覚世界の中で、周囲の事物の作用を感取する際、感取する自分の肉体そのものを意識しなくてすむように、「蓮華」、「エーテル体」の記述を通して本書が明らかにしてきた人間自身の超感覚的本性を顧慮することなしにも、人は霊界の作用を体験できるであろう。しかし人が「アストラル体」や「エーテル体」の中に自分の超感覚的形態を観察することは、ちょうど人間が自分の肉体を知覚することによって感覚世界の中の自分を意識するように、超感覚的世界の中の自分を意識することなのである。

ルドルフ・シュタイナー年譜

一八六一年（文久元年）二月二七日　ハンガリー、クロアチア国境にあるクラリエヴェック（現在クロアチア領）にオーストリアの鉄道官吏の息子として生まれる。両親は低地オーストリアの森林地帯の農民の出である。幼少時の彼は家族と共にオーストリアの諸地方に移り住む。一八七九年までウィーン＝ノイシュタットの実業学校に通い、一八七九年秋からウィーン工業大学に学ぶ。

一八八三年　キュルシュナー国民文学叢書のために『ゲーテの自然科学著作集』第一巻を、詳細な解説と註をつけて刊行する。これにより新たにゲーテ自然科学研究の基礎が作られる。一八九七年までに全五巻を刊行。

一八八四〜一八九〇年　ウィーンのシュペヒト家の家庭教師。

一八八六年　著書『ゲーテ的世界観の認識論要綱』。

一八八八年　「ドイツ週報」の編集長となる。一一月ウィーン・ゲーテ協会にて講演「新しい美学の父としてのゲーテ」。

一八九〇（秋）〜一八九七年　ワイマールのゲーテ・シラー文庫に勤める。

一八九二年　学位論文『真理と科学』（一八九一年）の刊行。

一八九四年　著書『自由の哲学』。

一八九五年　著書『フリードリッヒ・ニーチェ・みずからの時代に闘いをいどむ者』。

一八九七年　著書『ゲーテの世界観』。ベルリンへ移住。同年七月より一九〇〇年まで「文芸雑誌」の編集長。「自由文芸協会」、「自由演劇協会」、「ジョルダーノ・ブルーノ同盟」その他で活躍。
一八九九〜一九〇四年　ベルリン労働者学校講師。
一九〇〇年　著書『一九世紀の世界観と人生観』（その増補版は『哲学の謎』と改題されて一九一四年に刊行）。
同年秋、ベルリンの神智学文庫での講演活動を始める。
一九〇一年　著書『近代精神生活成立期における神秘主義』。
一九〇二年　著書『神秘的事実としてのキリスト教と古代秘儀』。
同年、神智学協会ドイツ支部設立に当り、その書記長に選ばれる。
同年秋より、新雑誌「ルチフェル」（のちの「ルチフェル＝グノーシス」）の編集長。
一九〇四年　著書『神智学』。同年から翌年にかけて「ルチフェル」誌上に、「いかにして超感覚的世界の認識を獲得するか」、「アカシャ年代記より」および「超感覚的認識の諸階梯」を発表。
一九〇九年　著書『神秘学概論』。
一九一〇〜一九一三年　『神秘劇』四部作とミュンヘンにおけるその上演。
一九一一年　著書『個人と人類の霊的指導』。
一九一二年　著書『魂のこよみ』、『人間の自己認識への道』。同年新しい舞踏芸術オイリトミーを創始。
一九一三年　人智学協会設立。著書『霊界の境域』。

同年九月二〇日、バーゼル近郊ドルナハにて第一次ゲーテアヌムの起工式。

一九一四年　第一次大戦勃発により、各秘教的グループ活動を中止。

一九一六年　著書『人間の謎について』。

一九一七年　著書『魂の謎について』。

一九一九年春　「ドイツ国民と文化世界へのアピール」。社会有機体三分節化運動の開始。著書『現在と未来を生きるに必要なる社会問題の核心』。

同年九月、シュトゥットガルトにおいて自由ヴァルドルフ学校創設。

一九二〇年　復活祭、医者のための第一次講習会。

同年九月、ゲーテアヌムのオープニングと人智学大学の活動開始。

一九二二年九月　キリスト者共同体《クリステン・ゲマインシャフト》（宗教改新運動）の出発。

同年一二月三一日、ゲーテアヌム焼失。

一九二三年　クリスマス、一般人智学協会の設立とゲーテアヌムにおける大学諸部門の開始。

一九二四年　新しい人智学的秘教的活動の開始。第二次ゲーテアヌムのためのモデル作りと新建築の開始。

同年、聖霊降臨節、ブレスラウ近郊・コベルヴィッツにおける農業の講習会（「生物学的力動的農法」の創始）。

同年六月、治療教育運動の開始。

同年九月、言語形成と演劇のための講習会。

一九二五年　著書『霊学的認識による医学改革のための基礎』（イタ・ヴェークマンとの共著）。
一九二三～一九二五年　著書『わが生涯』。
一九二五年（大正一四年）三月三〇日　ドルナハに歿す。享年六四歳。

（高橋巖）

解説

「はじめ人は、彼女を評価しようとして、その生涯の外的側面をしらべる。しかし或る観点から見ると、一切の外的事情が、H・P・ブラヴァツキー夫人の計り難く重要な霊的使命と、現代の精神運動の中での彼女の偉大な使命とについての印象によって消えてしまう。その時、本当にこの使命を深く感得する人にとっては、自分がこのわれわれの偉大な先駆者に対してどのような態度をとるべきかが、そこから、この認識から、流れてくる。その時、このような使命を背負った人間が、必然的に、はじめは誤解を、否誹謗を甘受せざるを得ないということをも観察することを学ぶ。それはこのような人間が人生に捧げなければならぬ供犠のひとつなのである」。

（ルドルフ・シュタイナー、一九〇五年五月七日）

1

本書『いかにして超感覚的世界の認識を獲得するか』(逐語的に訳せば、「いかにしてより高次の諸世界の諸認識を獲得するか」)は、はじめ雑誌「ルチフェル＝グノーシス」の一九〇四年五月号から翌年九月号にかけて同じ表題の下に連載された。これら一連のエッセイはその後一九〇七年の同誌特別号として一冊にまとめられたが、更に一九〇九年、単行本として出版された。本書の「第三版のまえがき」はこの単行本のために付せられたものである。(ちなみに『神智学』は連載の開始に合わせて、一九〇四年六月に出版されている。)

シュタイナーはこの連載の中で、従来秘法とされてきた霊的認識の方法を取り上げ、はじめてこれを具体的かつ体系的な仕方で公開した。そのまったく大胆率直な秘儀公開の仕方がどれ程時代に対する彼の深刻な危機意識に裏打ちされていたかは、一九〇五年四月一七日、マリー・フォン・ジーフェルスへ宛てた彼の手紙の中からも読み取ることができる。――「マンハイムにて。この地で『ルチフェル』第二十二号のための『いかにして超感覚的世界の認識を獲得するか』を書いた。この文章はエーテル体の進化についての重要な内容（本書一六六頁以下――訳者）を含んでいる。したがって当然秘教の深奥部にまで深く立ち入らざるをえなかった。いくつかの『体』を数え上げるだけにとどまっている人を驚かせるような部分もある。しかしこれらの内容こそ、今発表されねばならないのだ」（「往復書簡集」五九頁）。

更にシュタイナーの自叙伝『わが生涯』（一九二五年）の中では、本書が「人智学運動の基礎」とされている。実際彼は第一次大戦以後「自由ヴァルドルフ学校」の教育実践の中で、私立学校教育に新しい方向づけを与えたときにも、絵画、音楽、舞踏、演劇、建築その他を含んだ綜合芸術活動の中で、フォルムと霊、魂の関係を追求したときにも、更には「社会有機体三分節化」の思想を通して現代の様々の社会問題に新しい光を投げかけたときにも、繰り返して、本書の基本的な重要性に人々の注意をうながしていた。そのように本書が詳細に伝える神秘修行は基本的に社会的性格をもっている。真に新しい社会的態度、時代の要求に応えうる真に新しい人間関係はこのような行の実践を通してこそはじめて獲得することができる、と彼は説いた。

――「一切の神秘修行の主要手段の一つは温和さ」にある。「厳格であることは霊眼を目覚めさせるべき魂的構成体を彼の周囲から追い払う。温和であることは彼のために障害を取り除き、彼の器官を外へ向って開かせる」(本書一一七頁)。修行者にふさわしい社会的態度は、霊的な認識を求めて努力する人に対して、たとえその人がどんな信条を持ち、どんな人間関係の中にいようとも、そこから引き離そうとはせず、むしろその信条や人間関係にとってプラスになるものをそこに持ち込もうとすることにある。特定の理論を人に強制しようとはせず、むしろすべての理論から人を自由にするための武器を提供する。そしてアカデミックな批判的態度に終始したり、精神の権力主義に陥ったりする傾向から、意識的に身を守る。これはひとつの社会的態度であると同時に、神秘修行そのものの「主要手段の一つ」でもあるのだ。勿論市民社会の中に生きる以上、或る人間に対して客観的な眼をもつことは必要であるが、そのこととは別に、誰かを非難せざるをえないようなとき、心に痛みや悲しみを感じるか否かが、この修行が目ざすエソテリックな進歩を計るバロメーターなのだ、とシュタイナーは語っている(一九一三年三月二四日の講演)。そして修行者とは正反対の立場、「一般に政治的な煽動家たちは他の人たちに対して何を『要求』したらよいか、よく『わきまえて』いる。しかし自分自身に対する要求を問題にしようとはしない」(本書一二九頁)。

このように、一貫して愛と自由とを、社会生活のみならず、神秘道の基本におく立場は、シュタイナーに由来するすべての運動を性格づけている。逆にいえばこのような性格をもたぬ限り、いかなる名目上の「人智学」運動もシュタイナーの精神とは無縁になってしまう。孤独で内面的な神秘修行の道と外向的な社会活動とのこの共分母について、シュタイナーの自叙伝は次のように述べている。——「人智学のような結社はその参加者たちの魂の要求から形成される以外の在り方はできない。たとえば人智学協会の中ではこれこれのことが為される、というような抽象的なプログラムは存在しない。それは常にその時々の現実に即して作り上げられねばならない。そしてその場合の現実とは正に参加者たちの魂の要求に他ならない」(第三十六章)。

外向的か内向的かではなく、外向的即内向的という修行の方向は一切の伝統に対してもシュタイナーに同様の愛と自由に徹した態度をとらせている。——「神智学協会での活動を開始してから数年経った頃、マリー・フォン・ジーフェルスと私は或る方面から、或る結社の指導を託された。その結社は『古い叡智』を体現している儀式と象徴体系との保持に努めていた。私はこのような結社の意図しているような仕方で仕事をするつもりは毛頭なかった。すべて人智(学)にかかわる事柄はそれ自身の真理認識の根源から生じるべきだし、生じなければならぬ筈だからである。この目標から少しでも、道がはずれるようなことがあってはならなかった。しかし私は常に歴史が生み出したものに対する敬意を持ち続けてきた。歴史の所産の中には精神が生きている。そしてこの精神は、人類の成立と共に生き、そして進化を遂げてきたのである。したがって私は、もし可能であれば、歴史的所与の中に、新しく生れてくるものを結びつけたいと思ってきた。その意味で私はヤーカーを代表とする流れに属するこの結社の秘儀の伝授を受けた」(同上)。ジョン・ヤーカー派のフリーメーソンに限らず、もし彼が日本に生きていたとすれば、神道や仏教の方面からの同様の申し出に対しても、喜んで応じたことであろう。

2

右に引用した自叙伝の第三十六章は次の一節で終っている。――「参加者の魂の要求を現実として捉え、これに応じる努力を重ねてきたという点だけを考えても、われわれの私的刊行物(シュタイナー自身の校閲を経ていない彼の大部分の講演速記録のこと――訳者)は、はじめから一般社会に向けて書かれた公的刊行物とは異なる仕方で評価されねばならない。これらの私的刊行物の内容は印刷されるために発表されたのではなく、口頭で特定の聴衆の前で、つまり参加者の魂のその時々の要求に耳を傾けながら、語られたのである。公刊された著述の中に含まれている内容は、人智（学）そのものの要請に応じたものであるが、私的刊行物の論述の仕方には、人智学協会全体の魂の位相が、今述べた意味で、共に作用していたのである」。

講演録の内容は、少なくとも『神智学』や本書の中に自分と共通の観点もしくは価値観を見出した者が、これらの書物から得た認識を前提とすることによってはじめて正当に評価できる。その上、講演は特定の時期に特定の場所で、特定の人間のために為された。したがってその際語られた同一の内容が別の時代の別の状況下の魂にとっても真であり、有効であるとは限らない。同一の行為が状況次第で或る時には善となり、別の時には悪となりうるように。けれども本書のようなシュタイナーの公的刊行物は、そのような特定の状況での魂の要求のためにではなく、宗教、民族、土地や風俗習慣の制約を超えたところで、同じ二十世紀を生きるすべての人間の魂の要求に応えようとして書かれている。その意味では秘教的《エソテリック》な内容を顕教的《エクソテリック》な文体で表現せざるをえない場合も生じる。たとえば本書の第三版（一九〇九年）と、第五版以下とを比較すると、前の場合にはまだ「神殿」とか「マスター」とかいうフリーメーソンや神智学協会と結びついた用語が使われていたが、後の場合には「霊界」、「霊的存在たち」というより一般的な表現におきかえられている。

しかしこのような著者の態度は、前述した「公分母」の精神が、非常に積極的な意味で、ますます有効に作用していったことの結果に他ならない。したがって本書は「エソテリックな内容をエクソテリックな仕方でしか述べていない」のではなく、「エソテリックな文体でなければ語れないエソテリックな内容が扱われている」のである。特定の宗派や結社に由来するような概念が一切意識的に避けられている代りに、どの宗教の秘儀（秘教的側面）にも直結できるような表現をとるために、あらゆる配慮が払われている。おそらく読者が失望を感じられるであろうような次の箇所もその意味で理解されねばならない。——「修行のこの三段階を通っていけば、すべての人の霊的生活は霊界への参入を或る程度まで許される。しかしこの章ではまだ公的に語りうる限りの内容だけしか論及されていない。それはもっとはるかに深く内密なる秘教から取り出された内容の素描に過ぎない。神秘修行は本来完全に定められた修行課程の厳守を求める。人間の魂が意識的に霊界と交流できるためには、そのような特定の実践教程が必要である。そして本章の記述内容とこの実践教程との関係は、予備学校で折にふれて与えられる指導と、上級学校の正規の授業で厳しく教えられる教課との関係に等しい」（本書五三頁)。

普通、いきなり「上級学校」(つまり各宗教、宗派または結社の伝統的な秘法)に学んでも、その厳しい課程を修めることの意味を教えられることは少ない。本書を学ぶ場合、時には、すでに「上級学校」を卒業している者以上に、読者は修行課程全体のオリエンテーションを通して、その中での個々の行の意味を明らかにすることができる。シュタイナーは彼自身の立場(人智学)をすべての世界観のための「道具」である、と規定したことがある。右に引用した「霊界参入」についての箇所を読めば、本書もまたすべての秘儀、秘法に役立ちうる道具として書かれていると考えることができるが、同時に「第八版のあとがき」が述べているように、繰り返して読んでいけば、他の秘儀、秘法との結びつきなしにも本書そのものが秘儀となり、導師となることができるように書かれている。シュタイナーがいうようにむしろ「読み方」が問題になってくる。たとえば一七〇頁以下に書かれた「瞑想」についての言葉は読み方次第で非常に重要な内容を現してくる。この点に関連して、すでに『神智学』のあとがきの中にふれておいたことをここでもう一度繰り返しておきたい。本書が述べている行は滝の行と同じように、日常生活の中にそれとは異質の非日常的生活を作り出すためにあるのだから、それを一日中持続させる必要はないし、しようとしても不可能である。むしろ一日の特定の三十分なり一時間なりを自分で選んで、その時間内で集中的に修行することが大切である。道徳生活上の課題と考えれば一見実践することがほとんど不可能に思える本書の内容は、この意味で理解されねばならない。それ故本書の二六四―五頁以下にも「一日中神秘道の修行者」であろうとすることの危険について語られている。（なおシュタイナーが本書第三版のまえがき（九頁）に述べている本書の「第二部」は遂に発表されずにおわった。しかし彼は「公的刊行物」としては『超感覚的認識の諸階梯』（一九〇六年）、『霊界の境閾』（一九一三年）および特に『神秘学概論』（一九〇九年）の中で、「私的刊行物」としては多くの講演録、なかんずく『秘教的修行の指針』の中で、行の問題を更に立入って具体的に論じているので、これらも順次翻訳出版する予定である。）

3

さてルドルフ・シュタイナーは哲学上の主著『自由の哲学』（一八九四年）を完成した後、三十五―六歳から瞑想行を集中的に行うようになったが、『神智学』と本書が書かれた一九〇三―五年にはその成果がはっきり現れ、この時期のシュタイナーの講演内容は極めて「霊視《イマギナツイオン》」的性格の強いものになっている。講演の中でこの時期の彼が常に立ち返って取り上げた問題のひとつは、未来への展望の下でのアトムの秘密だった。二十世紀が後半に進むにつれ、霊的能力がますます向上するようになる。一方、十六世紀以来人類を捉えてきた思考方法はアトムの中にまで立ち入らざるを得なくなる。――「人類は第五文化期（シュタイナーの用語。十五世紀以降の約二一六〇年間のこと――訳者）が終る以前に、直接原子に作用することができるようになるであろう。思考と原子とを媒介する素材性さえ理解できるようになるなら、人は原子に働きかけ、原子に或る種の変化を与える方法を発見するだろう。私はここにいて、ひそかにポケットにしのばせたボタンを押し、それによって遠く離れた地域の、たとえばハンブルグの何かを爆破することができるようになるであろう。現在でも無線で通信することができるように。このことは、もし思考と原子とが同一実体から成るというオカルト的真理を実用的次元にもたらすことができれば、今すぐにでも可能となる」（一九〇四年一二月二三日の講演）。近代精神にとってエゴイズムが不可分の属性であるとすれば、時代精神の天秤の一方の側に無私の理想をおくことが緊急の課題となる。地球がいつの日か、壮麗な、霊化され、美化された物質界を現出させるか、それとも決定的な破壊を招来させるか、現代はこの二者択一の前に立っているというのが、シュタイナーの時代に対する基本的な霊的認識だった。人類がもしもふさわしい道徳的進歩なしに霊的能力を向上させ、この自然力の開発に成功したなら、怖ろしい結果が生じる。したがって「神秘学の真理に向って汝の認識を一歩進めようとするなら、同時に善に向けて汝の性格を三歩進めねばならない」(本書八三頁)。——本書『いかにして超感覚的世界の認識を獲得するか』はそのための武器として書かれた。この書の出版はその意味で新しいオカルト運動の開始を意味している。

ここで本書の表題の訳語に関しても、このこととの関連において、一言つけ加えておきたい。解説のはじめに記したように、表題の逐語訳は「いかにしてより高次の諸世界の諸認識を獲得するか」であるが、「より高次の」というのは「感覚的世界よりも高次」の意味であって、社会道徳的な意味で「より高次」なのではない。本書はいかなる意味でも、社会道徳的により高次の世界を求めてはいない。むしろ社会道徳的には「高い」方向へ上昇するのではなく、「深い」方向へ下降していかなければならない。本書が「境域の守護霊」との出会いを述べるに際して詳論しているように、オカルティズムにおける上昇衝動と、社会道徳における下降衝動との統一が本書の性格を決定しているのである。先に引用した神秘学の黄金律――「真理に向って汝の認識を一歩進めようとするなら、同時に善に向けて汝の性格を三歩進めねばならない」という言葉も、自分だけがより高い、善良な性格によって救われるというのではなく、進んで時代の世界苦の中へ入っていくこと、誤解を恐れずに、シュタイナーと共に語れば、「悪しき同胞と共に悪しき人にさえなりうる能力」(一九一九年二月二日の講演)を求めて述べられている。この意味で「感覚的世界よりも高次の」というニュアンスを生かすために、思いきって表題を「いかにして超感覚的世界の認識を獲得するか」とした。シュタイナー自身、本書のみならず、他の著書や講演録のいたるところで、「より高次の」と「超感覚的」とをまったく同じ意味に用いている。ちなみに彼の著『神智学』の副題も、「超感覚的世界の認識と人間の本質への導き」と記されている。

高橋　巖

文庫版のための訳者あとがき

近代人の魂の修行のために書かれたシュタイナーの代表作『いかにして超感覚的世界の認識を獲得するか』が、いよいよ文庫本になって書店の棚に並ぶ日が来ました。本書は、一切の宗教、世界観から自由な立場に立って、ひたすら人間の尊厳を守るための道を、その非常に難儀な道を追求しています。その道は、ひと口で言うとすれば、礼讃の小道を辿ることだと言えるでしょうか。こういう微妙な問題は、簡単なまとめ方をしてしまうと、どこかにずれが生じ、誤解を生むことになってしまいますが、本書冒頭の「条件」の章にあるように、私たちの近代社会は、尊敬し、礼讃することよりも、批判し、裁き、酷評する方に傾きがちです。「すべてを吟味して、最善を手に入れる」ことで、その偉大さを獲得してきた近代文化は、その文化価値の代価を畏敬と礼讃で支払ってきたのです。この文庫に収録される予定の、シュタイナーの哲学上の主著『自由の哲学』は、この近代文化の発展する方向にそって、一切の権威にさからってでも真実を追求するために、「われわれはどんな方向においても従属的でありたいとは思わない」、「どんな理想といえどもわれわれを抑圧することはできない」、と冒頭で主張しています。しかし本書は、それとは反対に、徹底的に対象に帰依することの意味を論じるのです。そして最後の「第八版のあとがき」では、いつか私たちの魂が、身体に依存することのない、まったく純粋に内的な体験をもつことができるようになったとき、本書の道と『自由の哲学』の道が、ひたすら帰依する感情と自由な批判的精神が、ひとつになるのだと強調しています。

ところで先程は、人間の尊厳を守るため、と述べましたが、本書は決して、超感覚的世界の認識を獲得する道を示すことで、読者が自分を優れた存在だと納得できるようにするために書かれたのではないのです。むしろ大自然の仲間である鉱物、植物、動物にくらべても、自分がいかにだめな存在であるかを思い知るために書かれた書である、と言えそうです。人間は大自然の中に組み込まれて生きていたのに、いつのまにか、自然と精神を対立させるようになり、自然を征服して文明社会を作ることに生き甲斐を感じるようになりました。大自然は人間の感性に共感の力を授けてくれたのに、その恩恵をふみにじって、共感を反感に変え、環境世界に反感で向き合うようになり、絶えず現状を否定しながら進歩してきました。その結果が環境汚染であり、戦争であり、差別であり、いじめなのですから、私たちの未来は限りなく暗いと言わざるをえません。ですから、本書は超感覚的世界を認識するための方法を述べていますが、その場合の「霊界参入」は、決して天国や極楽浄土への参入ではなく、逆に、本書の「境域の守護霊」の章に詳述されているように、その霊界には、恐ろしい風景がまっているのです。本書の全篇を通じて、時代に対するシュタイナーの危機意識を、今回あらためて強く感じました。

おわりに今回も編集を担当してくれた筑摩書房編集部の渡辺英明さんに感謝申し上げます。

　　二〇〇一年九月六日　町田にて

　　　　　　　　　　　　　　　　高橋　巖

本書の初版は一九七九年七月三一日、イザラ書房から刊行された。

ちくま学芸文庫

いかにして超感覚的《ちょうかんかくてき》世界《せかい》の認識《にんしき》を獲得《かくとく》するか

二〇〇一年十月十日　第一刷発行
二〇〇八年六月三十日　第八刷発行

著者　ルドルフ・シュタイナー
訳者　高橋　巖（たかはし・いわお）
発行者　菊池明郎
発行所　株式会社　筑摩書房
東京都台東区蔵前二―五―三　〒一一一―八七五五
振替〇〇一六〇―八―四一二三
装幀者　安野光雅
印刷所　三松堂印刷株式会社
製本所　株式会社積信堂

乱丁・落丁本の場合は、左記宛に御送付下さい。
送料小社負担でお取り替えいたします。
ご注文・お問い合わせも左記へお願いします。
筑摩書房サービスセンター
埼玉県さいたま市北区櫛引町二―六〇四　〒三三一―八五〇七
電話番号　〇四八―六五一―〇〇五三

ISBN4-480-08664-1 C0110